CLAUDE LÉVI-STRAUSS

L' AUTRE FACE DE LA LUNE

Écrits sur le Japon

月の裏側

日本文化への視角

クロード・レヴィ=ストロース

川田順造 訳

中央公論新社

月の裏側

目次

訳文中の〔　〕は訳者による補記・補足である。

月の裏側

日本文化への視角

本書が刊行に至るまで、きわめて細かな心遣いと寛い心で支えてくれた
モニーク・レヴィ＝ストロースに感謝の意を表する。

M・O

序文

川田順造

クロード・レヴィ＝ストロースは、モニーク夫人を伴って、一九七七年から一九八八年のあいだに、五度《ごたび》日本を訪ねている。最初の旅立ちを間近にして、『悲しき熱帯』の日本語完訳版に寄せた序文で、偉大な人類学者は、その日本への愛着をこう回想している。

日本文明ほど、私の知的、精神的形成にとって、早くから影響を与えたものはありません。といっても、それはごくささやかな道を通じてだった、と言えるでありましょう。画家であった私の父は、印象派作家の例にもれず、若い頃、大きな紙挟み一杯に日本の版画を所蔵していました。そして、父はその一枚を、私が五、六歳の時にくれたのです。私はいまでも、その版画を思い浮かべることができます。それは一枚の広重《ひろしげ》で、ひどくいたんで縁《ふち》取りもないものでしたが、海を前にした大きな松の木の下を、そぞろ歩きしている女たちを表したものでした。

初めて経験した美的感動にすっかり心を奪われた私は、それを箱の底に貼り付け、人に手伝ってもらって私のベッドの上に懸けました。版画は、このおもちゃの家のテラスから眺《なが》められる風景という訳でしたが、毎週少しずつ、私は、日本から輸入された、それこそ小さな家具や人形でこの家を飾ることに熱中しました。その頃、パリのプティ・シャン通りに、「仏塔《ラ・パゴド》」という、こうしたものを専門に売る店があったのです。

それからというもの、学校で良い成績をとるたびに、私は版画を一枚ずつ褒美《ほうび》にもらうようになりました。それが何年も続いたので、父の紙挟みは私のためにだんだん空《から》になって行きました。しかし私は、春章《しゅんしょう》、栄之《えいし》、北斎《ほくさい》、豊国《とよくに》、国貞《くにさだ》、国芳《くによし》などを通して発見したあの世界に魅了されていたので、これだけの収集では満足できませんでした。十七歳か十八歳の頃まで、私は小遣いを貯めては、それをはたいて、版画や絵物語の本や、刀身や刀の鍔《つば》を買い集めました。

それらは、博物館には入らないようなものばかりでしたが（私のお金では、たいした作品は買えるはずもなかったので）、私は時の経つのを忘れてそれらを眺めて暮らしました。日本の文字の一覧表を手に、苦心して標題や説明や署名を解読するだけで、数時間が過ぎてしまうこともありました。それゆえ感情と思考においては、少年時代のすべてと青年時代の一部を、私はフランスでと同じくらい（以上にではないにせよ）日本で過ごした、ということができます。

それにもかかわらず、私は、まだ一度も日本に行ったことがありません。機会がなかったからではなく、私にとってはまだ「子供らしい愛着に包まれた緑の楽園」(1)であるものの、現実の壮大な姿に直面するのが怖ろしかったから、というのが大きな理由であったに違いありません。私は、西洋世界が耳を傾けようとさえするならば、日本文明が与えることができる優れた教訓のかずかずを知らないわけではありません。それは、現在に生きるためには、過去を憎んだり破壊したりする必要はないという教訓であり、自然への愛や尊敬に席を譲らないで文化の産物の名に値するものはない、ということであります。

もし、日本文明が、伝統と変化のあいだに釣り合いを保つことに成功するならば、そして、世界と人間のあいだに平衡を残し、人間が世界を滅ぼしたり醜くしたりするのを避ける知恵をもっているならば、つまり、日本文明の生んだ賢者たちが教えたように、人類はこの地球に仮の資格で住んでいるにすぎず、その短い過渡的な居住は、人類以前にも存在し、以後にも存在し続けるであろうこの世界に、修復不能な損傷を惹き起こすいかなる権利も人類に与えてはいない、ということを日本文明がいまも確信しているならば、もしそうであれば、この本が行き着いた暗い展望が未来の世代に約束された唯一の展望ではない(少なくとも世界の一部においては)という可能性を、微《かす》かにではあれ、私たちはもつことができるでありましょう。

これは、日本に恋したレヴィ=ストロースの一面であり、読者が本書でふたたび出逢うものだ。本書は、未刊の文章、学問的な刊行物、いくつかは日本でだけ印刷されたものも含めて、一九七九年から二〇〇一年のあいだに書かれた多様な文章を[2]、初めて集めたものだ。これらの文章の多様さを貫いて、日本人に対する、寛大というのではないが、少なくとも共感に充ちた視線が、時として浮かび上がる。アフリカ研究を専門とする人類学者である私も、いずれにせよ、そのような気持ちを抱くことができる。この視線は、レヴィ＝ストロースのものとして、その生涯の終わりまで変わることがなかった。とりわけ、日本語訳『悲しき熱帯』の最後の改版に寄せた序文[3]が、それを証拠立てている。

モニーク・レヴィ＝ストロースの同意を得て、私はモーリス・オランデルに、日常生活の写真を何点か付け加えることを提案した。それらのいくつかは日本で一九八六年に、そのほかは、コレージュ・ド・フランスの社会人類学研究室や、マロニエ街の自宅で撮ったものだ。さらに、風変わりな瞬間をとらえた写真は、リニュロールにある田舎の家で撮った。クロード・レヴィ＝ストロースは、そこから遠くない村の墓地に、二〇〇九年十一月三日に埋葬された。

原注

（1）Charles Baudelaire, « Moesta et Errabunda ».
（2）「出典」（一五七〜一五八頁）参照。
（3）本書「知られざる東京」（一二三〜一二九頁）。

世界における日本文化の位置

創設されてまだ一年にも満たない国際日本文化研究センターの事業に参加するようお招きを受けたことは、私にとって極めて大きな名誉であります。センター長である梅原猛氏やその協力者の皆さまのお心遣いは、まことにありがたく、感謝の意を表します。けれども、私が取り上げるように求められた課題「世界における日本文化の位置」は、私にとっておそろしく難しいものに思われます。その理由はさまざまで、実際的な理由も、理論的な理由もあります。私をお招きくださることで皆さまがお寄せくださった信頼に、私が値しないことを示して皆さまを失望させるのではないかと、たいそう不安です。

まず、実際的な理由についてですが、日本とその文化に私が関心を抱いており、魅惑され、世界におけるその役割の重要性を私が認識してはいても、私が皆さまの国について知っていることがいかに表面的であるか、私は誰よりもはっきりと自覚しています。一九七七年の最初の訪問以来、私の日本滞在は通算しても数か月を越えません。さらに重大なのは、私が日本語を読むことも話すこともできないことです。日本の最古の文献から現代の作品にいたるまで、私が接することができるのは、フランス語や英語に翻訳されたものを通してという、何とも断片的な形でしかありません。さらに、皆さまの美術や工芸に魅了されていても、私の鑑賞の仕方が外面的であることは避けられません。美術、工芸の傑作の数々がありますが、私はそのなかで生まれたのでも、育ったのでもないのです。これら特殊な、あるいは日常の用途のために作られたものたち、それらの文化のなかでの位置を知ったり、その使い方を観察したりしたのは、私にとってはのちになってからのことです。

文化はその本質からして共役不可能だ

こうした実際的な理由に加えて、さらに、他の理由、つまり理論的な理由のためにも、与えられた課題に答えられないのではないかと、私は自問してしまうのです。つまり、もし私が全生涯を日本研究に捧げたとしても――それでもある程度の資格をもって日本文化を語るのに十分とは言えないでしょうが――、人類学者として私は、一つの文化を他のすべての文化との関係のなかに客観的に位置づけることは果たして可能であるのか、疑念を抱くのです。たとえ言語や他の外面的な手立てを身につけたとしても、ある文化のなかに生まれ、そこで成長し、躾《しつけ》られ、学んだ者でなければ、文化の最も内奥の精髄が位置する部分は、到達不可能なままにとどまるでしょう。なぜなら、諸文化はその本質において、共通の尺度で測ることができないからです。さまざまな文化のうちの一つを明らかにするために私たちが用いる規準は、対象となる一文化に由来しているか、他の文化に由来しているかのいずれかです。もし前者なら客観性を欠くことになりますし、後者であれば当然不適格となってしまいます。日本文化、あるいは何であれ他の一つの文化を、世界のなかに位置づけるために有効な判断をもたらすためには、すべての文化への関わりを断たなければなりません。この現実にはありえない条件が整ったときにのみ、観察者の判断は以下のことに影響されていないと保証されます。まず研究対象の文化そのもの。そして観察者自身が属していて、意識的にも無意識的にも離れることのできない文化。

このジレンマには、出口があるのでしょうか。人類学はその存在からして、出口はあると信じています。というのも、人類学の仕事は、観察者から最も遠い文化を選んで、それを、一つの言語を用いて記述、分析することであり、そして、どの文化も独自性を持っていて、それを説明するのは容易でないことを認めつつ、それでも読んだ人がその文化に近づけるようにすることだからです。けれども、そのためには、どのような条件が必要で、またどれだけの代価を払うべきなのでしょうか。人類学者が直面するその限界を明確にするために、いま申しあげたような、あまりに抽象的と思われかねない考察を、一つの事例で説明させていただきたいと思います。

職業柄、このようなことは告白しにくいのですが、十八、十九世紀に西洋で生まれ、開花した音楽の諸形式が、私にはあまりに深くしみついているので、それ以外の音楽が私の感受性に触れることはほとんどありません。それらに私は職業上の関心は抱いていますが、感動することはまれです。けれども日本の音楽は例外でした。日本音楽に接したのは年をとってからですが、たちまち私を虜《とりこ》にしてしまったのです。不審に思った私は、専門家たちに尋ねて、日本の音楽が初めてそれを聴く者に与える、抗しがたい魅力の原因を知ろうとしました。その結果私が学んだのは、同じ五音音階音楽ではあっても、日本の音階は、極東の他のどの音階にも似ていないということでした。日本の音階では、短三度と長三度の音程が旋法によって変化し、第五音で一全音の変化をつけることができます。[1] このように長音程と短音程を接近して対立させることによって、日本の音階は、人の心の動きを巧みに表現できるようになっています。あるときは訴えるような、あるときは甘美に物悲しい旋律は、それを聴く日本の伝統にまったくなじみのない者の心にも、平安時代の文学の底流の一つをなしている「もののあわれ」の感覚を呼び起こします。文学の「もののあわれ」が音楽でも表現されているのです。

けれども、日本の音楽を聴いた西洋人が、音楽と文学という二つの領域の一致によって、日本人の心の深みに達したと信じるとすれば、その人はおそらく、いくつもの思い違いをしていることになります。まず、その人が大ざっぱに「日本の音楽から」感じとったものの背後には、時代、分野、様式による差異があることを知らなければなりません。そして、何よりもまず、私が聴くこの音楽は、それほど古いものではないのです。古くてもせいぜい十八世紀です。したがって、私がそれを聴いて感じとったと思い込んだ文学作品より、遥かに新しい時代のものです。光源氏の君が奏《かな》で、あるいは聴いていた音楽は、中国の音階から派生した様式に近い、別の性格を帯びたものだったのではないでしょうか。中国の音楽は抑揚に乏しく、物事のはかなさや、時の残酷なうつろいの感覚を呼び起こすには、適さないように思われますけれども……。

しかしながら、ある文化を外から考察する者がどうしても抱くことになる、歪曲《わいきょく》された知識、しばしば犯すひどい評価の誤りなどが、その代価をもたらすこともまたありうるのです。遠くからしか事物を見られないという運命《さだめ》を負い、詳細を知ることができない人類学者は、そのおかげで、文化のさまざまな面に、諸文化を通じて不変の性質を感じとるのです。これは人類学者が知りえない、他《ほか》ならぬ差異が覆い隠しているものなのです。この点で人類学は、ごく初期の天文学に似ています。私たちの祖先は、望遠鏡も、宇宙についての知識もなしに、夜空を眺めました。星座に名前をつけて、一切の物理的現実と無縁な、星のグループを認めました。各々の星座は、人の目が同一の面に見る星で構成されているのですが、地球からの距離はまったくばらばらです。この距離の思い違いは、観察の対象が観察者から離れていることに由来しています。けれども、この思い違いのおかげで、天体の見かけ上の動きの規則性が、極めて早い時期に認識されたのです。何千年ものあいだ、現在にいたるまで、星座の知識によって、人間は季節の到来を予測し、夜の時の経過を測り、洋上で方角を知って来ました。ですから、それ以上のことを人類学に求めるべきではないでしょう。土着の人たちだけの特権である、内側から文化を知ること、これは人類学には決してできません。しかし人類学は土着の人たちに、彼らが身近すぎて知ることができなかった全体の眺め、いくつかの図式化された輪郭に還元された眺めを、提供することは少なくともできるのです。

世界神話における主要なテーマ

私は、この講演を音楽をめぐる自分の体験談から始めました。もう一つ、その種の話を付け加えさせてください。私が日本文化を、個人として、人類学者として、どのように捉えようとしているかを、よりよく理解していただくのに役立つと思われるからです。

一九八五年に、私は初めてイスラエルとキリスト教の聖地を訪れ、ほぼ一年後に九州で、日本の最も古い神話の始原にかかわる出来事があったとされている土地を訪ねました。私の文化と私の出自から言って、第一の場所の方が、二番目に訪れた土地より、私の心を捉えるのが当然であったはずです。実際には、まったく逆のことが起こりました。ニニギノミコトが天下った霧島の峰、オオヒルメ、つまりアマテラス女神が閉じこもった洞窟に面した天岩戸《あまのいわと》神社は、ダヴィデの神殿跡とされている場所や、ベツレヘムの洞窟や、キリストの聖墓や、ラザロの墓よりも、深い感動を私のうちに惹《ひ》き起こしました。

なぜ、そうだったのでしょうか。皆さまと私たちの、それぞれの伝統への対し方が著しく異なっているからだと、私には思われるのです。日本では書かれた歴史が比較的遅く始まったので、日本人はごく自然に歴史を神話のなかに根づかせたのかもしれません。神話から歴史への移行は巧妙になされています。それがたやすくなされているため、これらの神話が日本人にもたらされた状況から、一つの意図が存在したことがわかるのです。それは、これらの神話を、厳密な意味での歴史の導入部にしようという、編纂者たちの意図です。西洋にもむろん、神話はあります。けれども西洋では、何世紀も前から、神話に属する領域と、歴史に帰すべき領域とを区別する努力をしてきました。検証可能な出来事だけが、歴史として考察されるに値するというのです。奇妙な逆説的な結果が、そこから生じています。つまり、もし伝承に遺されている出来事が実際にあったのだとすれば、それが起こった場所も示されうるはずです。ところがキリスト教の聖地の場合、伝えられている場所でそれらのことが実際に起こった証拠はどこにあるのでしょうか。ローマ帝国のコンスタンティヌス一世の母ヘレナ皇太后が、四世紀初め、聖遺跡を確かめようとパレスチナに赴いたのは、自分の信念に惑わされたからではなかったと、どうして言いきれるでしょうか。そして数世紀後の十字軍も、同じ思い違いをしていなかったと言えるでしょうか。考古学の進歩にもかかわらず、彼らの証言が聖遺跡を正当化する、ほぼ全面的な根拠にされ続けています。遺跡を訪れる人が、聖書の内容は信じているが客観的精神の持ち主であった場合、キリスト教のエピソードは実際にあったことだと思っていても、本当にその出来事がこの場所で起こったかどうかには疑問を抱くのです。

九州では、このようなことはまったく問題になりません。人々はそこで、あっけらかんとして神話的空気に浸るのです。歴史性は問題になりません。より正確に言えば、この状況《コンテキスト》では歴史性を問題にすることが適切ではないのです。天から降臨したニニギノミコトを迎えた栄誉ある土地はここだと二つの場所が主張しても、差し支えないのです。パレスチナでは、もともと歴史的出来事が起こったという証拠を持たない土地には、神話で箔《はく》をつけることが求められます。しかしそのためには、神話が自らを神話ではないと主張しなくてはなりません。つまり出来事が「本当に」そこで起こった場所だと、訴えなくてはならないのです。しかしそれを証明するものは何もありません。反対に九州では、比類のない見事な風景が、神話群を豊かにし、美化し、目に見える具体的なものに仕立てるのです。

私たち西洋人にとっては、一つの深淵が、神話と歴史を隔てています。反対に、私が最も心を惹かれる日本の魅力の一つは、神話と歴史相互のあいだに、親密なつながりがあることです。今《こん》日《にち》もなお、これら神聖な旧跡を訪ねる人たちを乗せたバスの数をかぞえてみるだけで、そのことは十分にわかります。この人たちは、偉大な国造りの神話や壮大な風景が、伝説的な時代と現代の感受性のあいだに、現実的な連続性を保っているさまをあらためて確認しようとしているのです。

この連続性は、日本を訪れた初期のヨーロッパ人たちに、衝撃を与えずにはおきませんでした。すでに十七世紀に、ケンペルは日本の歴史を三つの時代に分けています。伝説の時代（『日本誌』では「天神の時代」）、不確実の時代（「人神の時代」）、真実の時代（「人皇の時代」）です。ですからケンペルは、そこに神話を含めたわけです。日本がまだよく知られる前にさえ、西洋の旅行者や思想家が日本に敬意を抱いていたのは、こんなにも早い時期に認識されていたこの能力、つまり西洋人には相容れないように思われる異なるジャンルを内包し、結合させる能力を日本人が持っていたからなのです。ジャン＝ジャック・ルソーは、一七五五年に公にされた『人間不平等起源論』の注の一つで、まだまったく知られていないか、あまりにわずかしか知られていない諸文化を挙げ、現地に行って研究することが緊急に必要であろうと述べています。北半球では彼は十五ほどの国を挙げ、その概観を次の言葉で締めくくっています。「……そして、特に日本」。なぜ、「特に」なのでしょうか。

それに対する答えの一つが、一世紀後にやって来ます。皆さまの最も古い伝承の集成である『古事記』と『日本書紀』が、ヨーロッパの学問世界に与えた深い印象の記憶は、今ではすっかり忘れ去られていますが、英国の人類学の創始者であるタイラーが、一八七六年に『古事記』『日本書紀』の概要を教えてくれているのです。(1) そして一八八〇年と一八九〇年に、最初の英訳と独訳が刊行されました。原初の時代には人類全体に共通であったはずの大原始神話――ドイツ人が「原神話」Urmythusと呼んでいたもの——が、昔の姿のまま自分たちの時代まで残ったのだと考える人もいました。

たしかに、『古事記』と『日本書紀』はそれぞれ異なるやり方で、一方はより文学的に、他方はより学問的に、世界神話のあらゆる大きな主題を、比類のない技法でつなぎ合わせています。そしてこれらの神話は、そのなかで少しずつ歴史に溶け込んでいるのです。そこに日本文化が提起する基本的な問題があります。広大な大陸のはずれで周縁的《マージナル》な位置を占め、長いあいだの隔離を経験していながら、同時にその最古のテクストが、他の地域では散逸した状態でしか見出せない諸要素をこの上なく洗練されたやり方で綜合できたことを、どのように説明したらよいのでしょうか。

問題は、旧世界だけに限られたものではありません。これらの古い文献に見出される、神話的な多くの主題やモチーフは、アメリカ大陸にも存在するのです。けれども、この点に関しては慎重を要します。アメリカ先住民と古い日本に共通するすべての主題は、インドネシアにもあり、そのいくつかのものは、この三地域にしか認められないのです。この三地域の神話は細部にいたるまで一致しているので、個別に考え出されたという仮説はただちに排除できます。それなら、これまでにもやって来たように、これらの神話の単一の起源を探す努力をすべきでしょうか。インドネシア、あるいは日本の神話が、独立に二つの方向に旅をしたのか、あるいはインドネシアを出たこれらの神話が、まず日本にもたらされ、次いでアメリカに渡ったのでしょうか。宮城県での最近の発掘によって、四万年から五万年前のものとされる石器の一群が見つかり、人間が居住していたことが明らかになりましたが、北方に位置することを考えると、旧世界から新世界へと移動する通過地域にあたっていたのかもしれません。

忘れてはならないのは、大氷河期のあいだ、そしてそれより後の、およそ一万二千年から一万八千年前の時代には、日本は何度もアジア大陸とつながっていたということです。そのころ日本は、北に向かって彎曲《わんきょく》した長い岬だったのです。この時期にはマレー半島、つまり一方では台湾とオーストラリアのあいだ、他方ではニューギニアとマレー半島のあいだの島々の大部分は大陸とつながっていました。さらに、およそ一千キロメートルの幅の陸地が、現在のベーリング海峡にあたる地域で、アジアとアメリカを結んでいたのです。大陸の縁《へり》で、地球上の大通りともいうべき場所が、人やもの、思想を自由に行き来させていたのです。それはインドネシアから中国沿岸部、朝鮮、満洲、北シベリアを経て、アラスカまで達していました。先史時代のさまざまな時期に、この広大な複合体は、両方向への人々の移動の舞台になっていたに相違ありません。ですから、起源地を探すのは、やめにした方がよいでしょう。おそらく神話が共通の遺産をなしていて、その断片を、あちらこちらで私たちは採録しているということなのでしょう。

「失われたもの」というモチーフ

それなら、日本の独自性をなしているものは、何でしょうか。この問いに答えるのに、日本の神話の一つの挿話を検討することが、私を助けてくれるのではないかと思います。一九八六年に、私は九州の東海岸で、幼少のウガヤフキアエズノミコトが母方叔母に育てられたと神話が語っている洞窟を見学する機会がありました。ミコトはのちにこの叔母を娶《めと》り、神武天皇が生まれるのです。

こういった事柄は、インドネシアやアメリカ大陸の神話でも、同様の脈絡《コンテキスト》のなかで物語られています。けれども注目すべきは、日本版が最も豊かだということですが、それは二つの意味においてです。まず、日本版だけが物語を完全な形で収めています。相補う役割を持つ二人の兄弟が登場し、さらに失われたものというモチーフがあり、持ち主はその返却を求めます。そして弟が訪ねる海の王もしくは神のエピソード。王は、弟がなくした釣針を見つけて返してくれるだけでなく、自分の娘を娶らせます。出産のとき、竜に姿を変えている妻を見るなという禁忌があり、これを破った夫のもとを妻は去って戻らないのです。最後の部分は、ヨーロッパに類似したものがあります。十四世紀のある物語によると、妖精メリュジーヌは人間の男と結婚しますが、彼女が半人半蛇であることを夫が知ったため姿を消すのです。しかし彼女は息子を残し、その子孫が、のちに母方の大叔母を娶るのです。日本版では、海神の娘が産んだ息子が母方の叔母を娶ります。南アメリカの神話の一つでは、釣針が盗まれる話に、叔母——ここでは父方の叔母になっていますが——との近親婚の物語が続いていて、やはり興味深いことです。しかし、インドネシアやヨーロッパや南北アメリカでは、物語は断片的ですし、完全に一致してはいません。

最も豊かな日本版は、より厳密に構成されてもいます。『古事記』(2)と『日本書紀』(3)の記述をたどりますと、この神話の物語は、まず生と死という主要な対立を提示し、その後、人間の生命を短縮するという一つの仲介項を導き入れて、その対立を中和することがわかります。次に、生あるものの範疇のなかにもう一つの対立が現れます。今度は二人の兄弟、時間軸の上で、それぞれ年長と年少という対立です。そして空間軸――役割という軸でもありますが――においては、一方は狩りに、もう一方は釣りにという、山と海に結び合わされた二つの活動に従事するのです。弟の発案で、二人の兄弟は彼らの道具、釣針と弓矢を取りかえることによって、役割の対立を中和しようと試みます。彼らは失敗するのですが、他ならぬこの失敗から、かりそめの成功が導かれます。兄弟の一人〔ヒコホホデミノミコト〕と、海の王女〔トヨタマヒメ〕の結婚が続くかぎり、陸と海の空間的対立は乗り越えられるように思われます。一人の男性が二つの役割を持てないのと同様に、女性も自分の二重性を見せてしまえば罰を受けるのです。仲介のために支払うべき代価はあまりに大きく、夫婦は別れ、空間の対立は修復不可能になってしまいます。そのことを『日本書紀』は、この海と陸が分離する挿話の締めくくりで、次のように明確に語っています。「此《これ》、海陸《うみくが》相通はざる縁《ことのもと》なり」[4]。日本の島国としての特性は、陸と海のあいだのこの対立、そしてそれを乗り越えようとする人間に課せられた絶えることのない努力と、ある意味で切り離せないのではないでしょうか。

分析を仕上げましょう。一連の出来事の初めに、人間の寿命を短くすることが、生と死という時間の次元から生まれる二律背反に、一つの解決をもたらします。そして終わりには、空間の次元の陸と海という二律背反に解決が与えられるのですが、これはどっちつかずの解決です。海の王を訪ねて戻った主人公は、潮の干満を支配できるようになるのですが、潮の満ち引きという現象は、ある時は海に対して陸に、ある時は陸に対して海に優位を与えるものです。けれどもそれは周期的なリズムに従うのですから、ふたたび時間の次元に属することになります。このようにして円環が閉じます。なぜなら、これら宇宙規模の対立が解決した結果である神武天皇の誕生とともに、少なくとも『日本書紀』の著者たちの考えでは、人々は神話から出て歴史に入るからです。

日本の古い神話にいくつもあるこのような例から、どんな結論を引き出すべきでしょうか。私がいま要約してお話しした神話上の出来事で、日本だけに固有のものは一つもありません。すでに申しましたように、世界のさまざまな地方にもあるのです。交換を断るというモチーフは、アフリカにさえあることが確かめられていますが、アフリカがアジアと繰り返し接触して来たことは、知られているとおりです。けれども、八世紀に書かれた皆さまのテキストほど、こういったばらばらな要素を、これほどしっかりと構成し、極めて大きなスケールでまとめ上げた例は、他のどこにもありません。失われてしまったモデルがもとになっているにしろ、新しく創作したにしろ、これらのテクストは日本文化の特質を例証しています。この特質には二つの側面があります。極めて古い時代に、比較的等質性の高い民族のタイプと言語と文化を形成するのに貢献したに違いない要素の多様性を考えると、日本は何よりもまず、出逢いと混淆《こんこう》の場であったと思われるのです。けれども、年古《ふ》りた大陸の東の端という地理的環境と、断続的に孤立していた状況は、日本が一種のフィルター、あるいはこう言ってよければ蒸留器として働くことも可能にし、日本で合流した歴史の流れが運んできた物語から、稀少な一つのエッセンスを分離させたのです。借用と綜合、混合と独創とを交互に繰り返してきたことが、世界における日本の位置と役割とを言い表すのに、最もふさわしいように私には思われます。

非常に古い時代からすでにあった出逢いと混淆の段階、それは先史学が証明してくれています。日本の旧石器時代が他に類を見ない豊かな時代であったことが、年とともに次第に明らかになってきています。ごく最近、明石市の近くで、人が加工した五万年から七万年前の木板が発見されましたが、このようなものが世界のどこで見つかったでしょうか。石器の多様性もまた驚くべきものです。何千年にもわたって、人がたえまなく流入したこと、あるいはその場での進化から生じたさまざまな文化が、日本に多様性という芽を植えつけたことは疑いありません。

「縄文の精神」とアクション・ペインティング

これに対して、狩猟・漁撈《ぎょろう》や採集を営み、農耕は行わない定住民で、土器作りの名手として知られる人たちが生んだ日本の一文明は、私たちに独創性の一例を示してくれます。人類諸文化のすべてを見ても、これに比肩できるものはありません。なぜなら、縄文の土器が、他のどんな土器にも似ていないからです。まずその年代ですが、これほど古く遡ることのできる土器作りの技術は、他に知られていません。次に一万年も続いたという、長い期間もそうです。そしてとりわけ様式が独創的なのです。その様式は、縄文中期の「火焔《かえん》様式」とでも呼ぶべき土器において、見る者の心をとらえずにおかない表現に到達しています。これを他と比較する言葉などありません。それであまりにも突飛な形容をしてしまうのです。「構成がしばしば非対称」とか「あたりかまわぬフォルム」とか「ぎざぎざ、突起、瘤《こぶ》、渦巻き、植物的な曲線がからみ合う造形装飾」

といった表現をきくと、五、六千年前に「アール・ヌーボー」が生まれていたような気持ちになりますし、別の側面からは、アメリカのいく人かの現代芸術家が言うように、叙情的抽象とかアクション・ペインティングが想起されます。完成された作品にも、どこか素描のようなところが残っているのです。作者がある突然のひらめきにとらわれ、その一つ一つの作品が創作の意図せぬ勢いのなかで、最終的なフォルムを与えられたかのようです。

おそらく、これは誤った印象でしょう。これらの器の用途や、社会的、心理的、経済的条件は、私たちがほとんど何も知らない一つの社会に具《そな》わったものであったはずだからです。いずれにせよ、私がしばしば自問することは、弥生文化によってもたらされた大変動にもかかわらず、「縄文精神」と呼べるかもしれないものが、現代の日本にも存続していないだろうかということです。もしかすると、日本的美意識の変わることのない特徴は、この縄文精神かもしれません。日本的美意識の特徴は、素早く、確かな創作を実行することであり、これには二つのことが必要です。一つは技術をこの上なく見事に操ること、もう一つは仕上げる作品を前にして長い時間考えることです。この二つの条件は、霊感を得た縄文土器の名人たちも、おそらく有していたと思われるのです。そして、様式上の同じ原則が、遥かな時をこえて、変化した形で残っているのではないでしょうか。太さも堅さも違う竹の薄片を不規則に編んだ、風変わりな造りの籠編みのうちにそれを見ることはできないでしょうか。この手の籠は、日本の展覧会や博物館では重要な場所を与えられていないように思えますが、私はそこに、極めて興味深い、そしてさまざまな点でめずらしい、日本美意識の表現の一つを見るのです。

他に、もっとわかりやすい日本らしさの例があります。弥生時代の銅鐸《どうたく》の側面に描かれている表象に繰り返し現れる様式化された線。何世紀かのちの埴輪《はにわ》。さらにのちの時代の大和絵。そして現在に近い浮世絵の技法。そこにもここにも、表現の意図と、手段の簡素さが、何よりもはっきりと認められます。さらにグラフィック・アートでは、単色と線とが、対立をなし、同時に補完し合ってもいます。中国式のふんだんな複雑さからは、およそ遠いのです。ただし、ある時代、ある領域では、明らかに中国は日本の着想の源でした。

このように見てきますと、日本文化は両極端のあいだを揺れ動く、驚くべき適応性をもっていることがわかります。日本の織物師が、幾何学模様と自然を写した絵柄とを好んで取り合わせるように、日本文化は反対のものを隣り合わせにすることさえ好むのです。この点で、日本文化は西洋の文化とは異なっています。西洋の文化も、その歴史の過程で、さまざまな立場を取ってきました。けれども西洋では一つのものを別のものと取りかえるのであり、後戻りするという発想はありません。日本では神話と歴史の領域は相容れない関係にあると考えられていませんし、独自の創作と借用についても同様です。もしくは——美的側面の話題で議論をしめくくるなら——漆芸や陶芸に見られる洗練を極めた技と、自然のままの素材や民芸風の製品——一言で言えば、柳宗悦《やなぎむねよし》が「不完全の芸術」と呼んだもの——に対する嗜好とのあいだにも対立は感じられないのです。さらに驚かされるのは、科学と技術の前衛に位置するこの革新的な国が、梅原猛氏がいみじくも強調したように、古びた過去に根を下ろしたアニミズム的思考に、畏敬を抱き続けていることです。神道の信仰や儀礼が、あらゆる排他的発想を拒む世界像を有していることを知れば、これも驚くにあたらないでしょう。宇宙のあらゆる存在に霊性を認める神道の世界像は、自然と超自然、人間の世界と動物や植物の世界、さらには物質と生命とを結び合わせるのです。

命のはかなさをめぐって

西洋世界では、生活のスタイルや生産様式が、次から次へと変わります。日本では、それらは共存するといってよいかもしれません。けれども、それらのものは、我々西洋のものと、根本的に違うのでしょうか。私が日本の古典を読むとき、空間よりも時間的な隔たりを強く感じるのです。『源氏物語』は、フランスではようやく七世紀ののちになって、ジャン＝ジャック・ルソーの物語風の作品によって登場した文学の様式を、先取りしています。筋の展開はゆるやかで、錯綜し、微妙な変化に富み、人生でもしばしばそうであるように、登場人物の深い動機は我々にはわかりません。繊細な心理描写に満ち、自然への感情とともに、物事の定めなさと命のはかなさへの感情も重視されている、メランコリックな叙情性に浸っています。

日本の偉大な歴史年代記である『保元物語』『平治物語』『平家物語』には、また別の隔たりがあります。大きな悲壮感にみちたこれらの作品は、現代風にいうところの「大ルポルタージュ」であると同時に、叙事詩でもあります。数多くの章の最後に、たとえば『平家物語』巻第二に描かれた、仏教の衰退、手写の経典に黴《かび》が生え、寺の建物が荒れ放題になるくだり、あるいは巻第七の終わりの、平家一族の福原落ちのように、偉大な叙情詩的昂揚に向かって窓が開かれるのです。私たちの文学で、これに匹敵するものを求めるとすれば、ようやく十九世紀になってからの、シャトーブリアンの『墓の彼方からの回想』くらいでしょう。

さらに、近松《ちかまつ》、出雲《いずも》、松洛《しょうらく》、千柳《せんりゅう》、南北《なんぼく》が、文楽のために書いた戯曲や、その歌舞伎に脚色されたものを読むと、[2]私はその豊かさ、筋立ての巧みさ、メロドラマと詩の結合、庶民生活の情景に融合した英雄的感情の描出に、すっかり魅惑されてしまいます。私たちの演劇でそれに近いものといえば、一八九七年になって上演されたエドモン・ロスタンの『シラノ・ド・ベルジュラック』を、どうやら挙げられるくらいです。日本の若い文筆家の一人塩谷敬《しおのやけい》氏が、その著書で最近アカデミー・フランセーズの賞を受けました。その本は日本の演劇とフランスの演劇の関係について書かれていて、『シラノとサムライたち』[5]という題ですが、まことに適切な題です。

これがすべてではありません。日本文化の明敏さは、極めて論理的なやり方で、必ずしも日本で生まれたのではない神話の主題――世界の神話の諸要素全体が、日本に認められるという点で――をつなぎ合わせましたが、それと同様に、日本の古い文学は、一般的な社会学的問題の解明に、役立てることができるのです。二年前に『はるかなる視線』[6]という題で日本語訳が出た本で私は、当時の諸制度にあれだけ鋭い視線を投げかけ、登場人物の動機をあれほど綿密に分析している『源氏物語』のような物語作品や『栄花物語』や『大鏡』のような歴史物語や年代記によって、社会学者や民族学者に提起されてきた古典的な大問題が、完全に一新されうることを示そうと試みました。私が考えているのは、人類学者が「交叉イトコ婚」と呼ぶイトコ〔性が異なるキョウダイの子であるイトコ〕同士の婚姻や、明らかな父系制社会における母系親族の役割についてです。日本の事例は、アフリカやアメリカ北西部の遠く離れた社会組織に関して、民族学者を長いこと悩ませてきた疑問を解明するのに、貴重な助けをもたらしてくれます。

感性のデカルト主義

神話学と社会学のように異なる領域で、十世紀も十二世紀も前の日本語の文献が、範例として役に立つのはなぜかと言えば、答えはおそらく日本的精神のいくつかの特質のうちに見つかります。第一に、現実のあらゆる側面を、一つ残らず、列挙し、区別し、しかも、それぞれに同じ重要性をもたせるという非常な努力です。職人が同じ注意深さで、内側も外側も、表も裏も、見える部分も見えない部分も扱う、日本の伝統的工芸品のうちに、その精神が認められます。同じことはまた、その科学と技術の進歩が物の元来の性質を変えてしまった産物についても、あてはまります。私はそこに、日本の小型電子機器が成功した理由の一つがあると思います。日本製の小型計算機、録音機、時計などは、領域は異なっても、完璧な出来栄《ば》えという点で、かつての日本の鍔《つば》、根付け、印籠のように、触れても、眺めても、魅力あるものであり続けています。

この分析的精神、同時に道徳的であり知的でもあるこの傾向を、私は他によりよい用語がないので、日本式「ディヴィジョニスム」と呼ぼうと思います。通常、「ディヴィジョニスム」は、純粋な色調を並置する絵画の技法を指して用いられる言葉です。私はその実例を、日本文化の極めて多様な領域に見出します。料理では、自然の産物をそのままの状態に置き、中華料理やフランス料理とは反対に、素材や味を混ぜ合わせることを避けますし、大和絵においても、描線と色を切り離し、色は平面的に塗られます。さらに、私がすでに触れた日本音楽においてもそうですが、音楽について、この点をじっくり考えるためにこれからお話しします。

西洋音楽とは異なって、日本音楽には和音の体系がありません。音を混ぜることを拒否するのです。日本音楽は、そのかわりに音を混ぜないで抑揚をつけるのです。さまざまな動きが、音高や、速さや、音色に変化をつけます。音色には、楽音と噪音《そうおん》が巧みに組み込まれています。西洋で噪音と見なされる虫の鳴き声が、日本では昔から楽音の範疇に属することを忘れてはなりません。その結果、和音体系に相当するものが、個別に発せられるさまざまな音色を用いることによって、持続性のなかで実現されるのです。しかもそれは短い時間でなされるので、これらの音色は一緒に一つの総体を形成できます。西洋の音楽では、さまざまな音が同時に響き合って和音を生みます。日本の和音は、同じ瞬間ではなく時間の流れのなかで生まれます。それでも和音は存在しているのです。

日本人は区別することを好みますが、この嗜好のなかにデカルトが述べた、彼の思考方法の根幹をなす規則に相当するものがあると言ったら、言いすぎかもしれません。その規則とは「問題を上手に解くために小さく分割する」「何も忘れていないか、列挙して確認する」です。概念的なデカルト主義よりは、私は日本を、感性の、もしくは美意識のデカルト主義としたいと思います。このような形式で表現しても、アナロジーが不自然に思われるかもしれません。けれどもこれは、すでに十八世紀から、日本が西洋の精神に及ぼした魅惑を理解するのに、役立つと思うのです。ルソーは北半球のすべての文化のうちで特別の地位を日本に与えていたのですから。

音、色、匂い、味、手触り

おそらく私たちは、フランスはユーラシア大陸の西の端、日本は東の端という、私たちの二つの国それぞれの位置に、単に象徴的なだけではない、ある意味を与えることができるのではないでしょうか。広大な空間に隔てられ、その縁に――一方は大西洋の岸に、他方は太平洋の岸に――位置して、フランスと日本は、背中を向き合わせているように見えます。けれども、両国は共通の運命を背負っているのです。アジアに共通の起源をもつ影響が逆方向に到達した最終地点に、両国が位置していると見ることができるからです。

この点について私は、その考えが歪《ゆが》められてひどく悪用された、一人の思想家で偉大な文筆家の言葉を引用しようと思います。一八五九年にゴビノーは、アジアについてこう言っています。「世界で見出されたもので、アジア以外で作り出されたものはない。次いで、それは改良され、変形され、増幅されたり縮小されたりした。この二次的な栄誉は、西洋のものだ。……だが、命を握っているのは創出だ[7]」。ゴビノーは西洋人として語っています。けれども日本の哲学思想や、宗教思想、芸術なども同様に、ペルシャやインドから来た潮流によって豊かにされたのは明らかです。先史時代に遡る極めて古い時代から、旧世界は人の混淆や思想の流れの舞台であり、そのため、のちに生じた多様性からは信じられないような、より大きな一体性があったのです。私たちの二つの国が位置する、ユーラシアの極東と極西に向かう歩みは、歴史時代にいたるまで、つねに何らかの関係を保っていました。神話や伝説に見られる共通の基盤が、それを証拠立てています。

古代ギリシャ人は、フリュギア〔現在のトルコ北西部〕、つまりアジアに、驢馬《ろば》の耳が生えたミダス王の国があると考えていました。この物語は、チベット、モンゴル、朝鮮、そして日本にまで存在します。日本では、十一、十二世紀の文献『大鏡』〔第一巻冒頭〕に、はっきりと言及されています。一九八三年、私が琉球列島の伊平屋《いへや》島を訪れたときに一つの儀礼歌を聴きました。歌の内容は逐次翻訳していただいたのですが、たいそう驚いたことに、その歌のなかに、すでにヘロドトスがリュディアで起こったとして語っている話があったのです[8]。逆の方向では、中世に仏陀は、キリスト教の教父学の文献に、ヨサファットという人物として登場します。音の表記は正確ではありませんが、ボディサッヴァ〔菩薩〕から来ていることがわかります。

日本の碩学大林太良氏と吉田敦彦教授は、朝鮮と日本に、インド＝ヨーロッパ語族起源の主題、とりわけ今は亡きジョルジュ・デュメジルが明らかにした三機能の思想〔3〕が見出されると考えています。紀元後四世紀頃、ロシア南部起源の騎馬集団によってもたらされたと思われます。デュメジル氏がアカデミー・フランセーズ会員になったとき、私が歓迎演説をする光栄を得たのですが、そのなかで私は、この仮説をめぐって、インド＝ヨーロッパ民族のものに似た三分構造が、西部ポリネシアにもあったことを指摘しました。この指摘に対するコメントとして、デュメジル氏が教えてくださった話によれば、フランス民族学の師表であったマルセル・モースも、会話のなかで折に触れて、ポリネシア語で神聖な結社を指す「アレオイ」という語が、サンスクリットの「アーリヤ」、フランス語で「アーリアン」になった語に由来するのではないかと言っていたというのです。太平洋世界における三機能の存在をめぐる問題は、日本に関してだけ提起されるものではないでしょう。

推測に基づく歴史には、慎重でなければなりません。けれども東洋《オリエント》と西洋《オクシデント》のあいだで、歴史以前のさまざまな時代に関係が結ばれていたことを示唆するものが数多くあります。もし、ヨーロッパというアジアの岬と、極東までを含めたアジアそのものとが、過去において活発な交流を行っていたとすれば、アジアの東の極地点である日本と、フランスというヨーロッパの西の極地点とが、一連の変形の対称的な状態になるのはわかりやすいことです。「アジアは、発明をした」と、ゴビノーは先に冒頭を引用した文献で述べています。「その代わり、我々が持ち、実践しているような批判の能力が、アジアには欠けていた」。そのあとに続くゴビノーのコメントが、フランス以上にあてはまる国があるでしょうか。「批判は、我々の最も大きな素質だ。批判は我々の精神の形を作り、我々のすべての自尊心の源泉である」。

フランスが、モンテーニュとデカルトの系譜のなかで、おそらく他のどの民族にもまして、思想の領域における分析と体系的な批判の能力を推し進め、一方で日本は、他のどの民族よりも、感情と感性のあらゆる領域で働く、分析を好む傾向と批判精神とを発達させました。日本人は、音も、色も、匂いも、味も、密度も、肌理《きめ》も、区別し、並列し、取り合わせるのです。それらを言い表すため、日本語には感覚を直接に表現する擬態語が豊かです。料理においても、文学や芸術においても、手段を最小限に節約するため、それぞれの要素が複数の意味を伝える役割を帯びるのです。語彙におけるいくつかの特異性〔高低アクセントによる意味の区別〕を除いて、日本語は音調言語ではありません。けれども、日本文明の全体は、音調文明であるように思われます。

つまり、こう言うことができるならば、経験から得られた一つ一つのデータが他の領域に共鳴を呼び起こすのです。

ですから、旧世界の両端に、批評精神の二つの形がパラレルに現れたことになります。両者は対称的な領域で力を発揮していますが、お互いに似ています。私はそこに、フランスの精神が、日本の精神について何かを知るやいなや、日本の精神をなじみ深く感じてきた理由、少なくともその一つを認めるのです。フランスではすでに十八世紀から、工芸家たちが日本のものから想を得ており、自分の作品にそのまま取り入れさえしていました。バルザックは、全体として異国趣味にはあまり関心を示しませんでしたが、「日本美術の驚異」について語り、――引用しますと――、「中国のグロテスクな発明」とはっきりと対比させています。(9) フランスの最も偉大な画家の一人であるアングルの同時代人たちは、彼の絵に独特な性格――描線が色彩よりも優位にあること、立体感を重んじないこと――を、極東の絵画からの影響によるものと見なしていました。そして忘れてはならないのは、印象派の画家たち、さらに十九世紀後半のヨーロッパ美術全体に霊感を与えた「ジャポニスム」は、フランスに生まれたということです。そして二十世紀初頭、野生的もしくは素朴《プリミティヴ》な芸術が、これもまたフランスによって発見されました。フランスの愛好家や芸術家が、素材を自然のまま使うことや、ごつごつした感触、不規則で非対称なフォルム、大胆な単純化といった好みをあらかじめ日本から学んでいなければ、この発見はなかったかもしれません。ただしこういった嗜好は、楽焼の作者や琳派の人々が朝鮮の民芸陶器のなかにモデルを探し求めたものです。こう考えると、素朴主義《プリミティヴィスム》を発見したのは日本だと言えます。

旧世界は、人口の稠密《ちゅうみつ》と、文明の数と多様さによって、満たされた世界のように見えます。反対側ではどうでしょうか。東では、日本は太平洋を向いています。少なくともこの緯度では、空《から》の世界です。その両側から、アメリカと日本が向かい合っています。地理的観点だけから言えば、フランスと日本の位置と、日本とアメリカの位置もまた、対称の関係にあります。けれども、それは逆対称です。そしてこの逆転は、さまざまな面で現れてきます。

アメリカの発見が、人類史の大事件であったことは確かです。四世紀後の日本の開国が、正反対の性質を持ちながらも、もう一つの大事件であったことを、私たちは理解し始めています。北アメリカは、住民はわずかでしたが、未開発の天然資源に溢れた新しい世界でした。日本が国際関係の舞台に登場したとき、この国もまた一つの新世界と見なされました。しかし自然資源には恵まれていませんでした。そのかわり住民たちが、国の豊かさを作っていました。数が多いだけでなく、日本の住民は、まだ疲弊しておらず、思想の争いや、革命や、戦争によってすり減らされることもなく、自分たちの価値を迷いなく信じることで活気に満ちている人間のありようを示したのです。

この角度から見ると、十八世紀に石田梅岩が創始した心学運動は、生きている現実、自己を表現することだけを求める現実を映し出しています。その現実とは、階級や環境がどうであれ、それぞれの個人が自分を尊厳の中心、意味の中心、自発性の中心であると感じている、まだ開かれた精神をもった人間性という現実です。こういう恵まれた状態がこれからも長く続くかどうかはわかりませんが、日本では一人一人が熱心に、自分のつとめをよく果たそうとしていることに心を打たれます。外国人旅行者の目には、この快活な善意は、自国の社会的道徳的風土と比べて、日本民族の大きな美徳に見えます。

東洋的思考と西洋的思考——その主要な違い

結びとして、次のことを述べたいと思います。一方では日本とヨーロッパ、特にフランスとのあいだに、他方では日本とアメリカとのあいだに、二重の対称関係を示すことができたと思いますが、この対称関係そのものが、東洋に向かってと同様、西洋にも向けられた問題に対して、日本が与えた答えに由来していると言えます。

西洋の哲学者たちは、東洋の思想と彼らの思想とのあいだに、二つの主要な差異があると考えています。彼らの目には、東洋の思想は二つの拒否によって特徴づけられます。まず、主体の拒否。ヒンドゥー教、道教、仏教とさまざまな形をとってはいますが、西洋にとって第一の明証である「私」が、幻想であることを示そうとします。これらの教義にとっては、各々の存在は生物的で心理的な現象のかりそめの寄せ集めにすぎず、一つの「自己」という持続的要素は持っていません。虚しい見せかけでしかなく、いずれ必ずばらばらになってしまうのです。

第二の拒否は、言説の拒否です。ギリシャ人以来、西洋は、言葉を理性のために用いれば、人は世界を理解できると信じてきました。しっかりと構成された言説は現実と一致し、事物の秩序に到達し、それを忠実に表現できると考えていたのです。反対に、東洋的な考え方では、どんな言葉も現実とは一致しないのです。世界の、最終的な本質——こんな言い方に意味があればですが――は、我々には捉えることができません。それは、我々の思考と表現の能力を超越したものです。それについて何も知ることができないのですから、何も言うことができません。

この二つの拒否に対して、日本はまったく独自のやり方で反応しました。主体に対して、日本は確かに、西洋に比べれば大きな重要性は与えていません。日本人はあらゆる哲学的省察、つまり思考による世界の再構築という企てに不可欠な出発点が、主体であるとは考えないのです。デカルトの「われ思うゆえにわれあり」は、厳密には日本語に翻訳不可能であるとさえ言えます。けれども日本人の思考は、この主体を消滅させてしまったようにも思えません。主体を原因ではなく一つの結果にするのです。主体に関して西洋哲学は遠心的です。すべてが、そこから発します。日本的思考が主体を思い描くやり方は、むしろ求心的であるように思われます。日本語の統辞法が、一般的なものから特殊なものへ限定することによって文章を構成するのと同じく、日本人の思考は、主体を最後に置きます。これは、よりせまい社会的、職業的グループが互いにぴったりとはまりこんでいる結果生じるのです。このようにして、主体は一つの実体となります。つまり、自らの帰属を映し出す、最終的な場となるのです。

主体を外側から構築するやり方は、人称代名詞を避ける傾向のある言語にも、社会構造にも、見られます。社会構造では「自我意識」――日本語では *jigaishi*[4] というのだと思いますが――が、どんな些細《ささい》なことであれ、一人一人が集団的な仕事に参加しているという感情によって、またその感情のなかで表現されます。中国生まれの汎用鋸《のこ》やさまざまな型の鉋《かんな》にしても、六、七世紀前に日本に取り入れられると、使い方が逆になりました。職人は、道具を前に向かって押すかわりに自分の方へ引くのです。[5]物質に働きかける行為の出発点ではなく到達点に身を置きますが、これは家族、職業集団、地理的環境、そしてさらに広げれば国や社会における地位によって外側から自分を規定する根強い傾向を示します。日本は手袋を裏返すように主体の拒否をひっくり返したのです。そして、この否定から肯定的な結果を引き出し、そこに社会構成の力学的原理を見出しました。この原理は三つのものから日本の社会構造を守りました。すなわち「東洋の宗教による形而上学《けいじじょう》の放棄」「儒教が引き起こす社会の停滞」「自己の優位によって西洋社会が晒《さら》されている原子論」。

第二の拒否に対する日本の答えは、これとは違った種類のものです。日本は思考体系の完全な転換を果たしています。西洋が他の思考体系に対抗するものとして提示したものから、日本は自分に合うものを取り、残りを遠ざけたのです。ギリシャ人が了解していた意味での「ロゴス」、つまり理にかなった真実と世界との一致を、十把一《じっぱひと》からげに拒否することなどはせず、日本ははっきりと、科学的認識の側に立ち、今やその最前線にあるのです。けれども、二十世紀の前半に日本を捉えた思想上の混乱のために、多大な犠牲を払ったのち、日本は自己を取り戻し、体系的精神によって西洋世界が時折おちいってしまう「ロゴス」の堕落——これが第三世界の国々に荒廃をもたらしています——を嫌っています。

現代日本の偉大な思想家の一人である丸山眞男教授は、日本人は昔から美辞麗句を嫌い、推測だけに基づいて論じることを信用せず、直観や経験や実践を重んじる特徴があると述べています。[10]真実、自由、権利、正義等の抽象概念は、西洋ではなじみ深く、アルファベットの大文字で書き始める言葉ですが、これらを日本語で説明するのが困難であるのは、この点から見ると重要です。木村資生《もとお》教授の生物進化における中立説〔6〕が、他の国ではなく日本で生まれたことも、同様です。すべての自然現象は、合理性を帯びており、一つの論理的必然がそれらの現象を導き、我々が自身の行動を同様の方向に進めているという頑迷な先入観から西洋の思考を解放するのに、木村説以上に助けになるものはないでしょう。

このように、日本文化は、東洋に対しても、西洋に対しても、一線を画しています。遠い過去に、日本はアジアから多くのものを受け取りました。もっと後になると、日本はヨーロッパから、さらに最近では、アメリカ合衆国から、多くのものを受け取りました。けれども、それらをすべて入念に濾過《ろか》し、その最上の部分だけを上手に同化したので、現在まで日本文化はその独自性を失っていません。にもかかわらず、アジアや、ヨーロッパや、アメリカは、根本から変形された自分自身の姿を、日本に見出すことができるのです。なぜなら今日、日本文化は東洋に社会的健康の模範を、西洋には精神的健康の模範を提供しているからです。今度は借り手の側になったこれらの国々に、日本は教訓を与えなければならないのです。

原注

（1）E. B. Tylor, « Remarks on Japanese Mythology » (contribution lue le 28 mars 1876), *Journal of the Royal Anthropological Institute*, vol. VII, 1877, p. 55–58.

（2）*Kojiki*, L. I, chap. 41-46.〔『古事記』上巻〕
（3）*Nihongi*, L. II, chap. 24-50.〔『日本書紀』巻第二、第一〇段〕
（4）*Ibid.*, L. II, chap. 48.〔『日本書紀』巻第二、第一〇段〕
（5）*Cyrano et les Samuraï*, Paris, Publications orientalistes de France, 1986.〔『シラノとサムライたち』白水社、一九八九年〕
（6）Claude Lévi-Strauss, *Le Regard éloigné*, Paris, Plon, 1983.〔この書名は世阿弥の「離見の見」の仏訳であり、「はるかなる視線」という和訳は、éloigné「意図して引き離した」というフランス語の、初歩的な意味の取り違えに基づいている〕
（7）J.A. de Gobineau, *Trois Ans en Asie*, II, VII.
（8）本書「シナ海のヘロドトス」（七三〜八七頁）参照。
（9）*La Recherche de l'absolu*, 1834〔『「絶対」の探求』岩波書店、一九七八年〕
（10）Maruyama Masao, *The Intellectual Tradition in Japan (Nihon no Shisô)*, Tôkyô, Iwanami Shoten, 1961, p. 75.〔丸山眞男『日本の思想』岩波書店、一九六一年〕

訳注

〔1〕この部分は、著者レヴィ＝ストロースの日本音楽についての、音楽の用語による記述が混乱しているため、著者が表明したいことを正しい音楽用語で表現し直してある。これについては、日本音楽にも西洋音楽とその用語についても詳しい湯浅譲二氏に御教示を仰いだが、最終的な文責は訳者にある。
〔2〕南北は、歌舞伎台本は書いたが、文楽のための浄瑠璃は書いていない。
〔3〕デュメジルはインド＝ヨーロッパ語族の社会・宗教・神話に共通して主権／戦闘／生産など、の三分構造が見られるとした。
〔4〕日本語に「自我意識」という表現はあるが、「自我意志」という語はない。網羅的に日本語の用語を記

載している岩波書店『広辞苑』第六版電子版にも、訳者が参照しえた他の国語辞典、漢和辞典、心理学や哲学の事典にも、「自我意識」はあっても「自我意志」はない。著者がこれに対応するフランス語として挙げている« **conscience de soi** »は、前後の脈絡からも「自我意識」と訳すのが妥当であろう。著者は時折誤った日本語を、ある種の思い込みから使うことがある。ここでも「日本語では***jigaishi***というのだと思いますが」« ***en japonais, je crois, jigaishi*** »と、ためらいつつこの語を挙げており、強いて漢字を宛てて「自我意志」とすべきではないと訳者は判断した。近世日本人の思考や倫理について、著者が多くを依拠している石田梅岩の用語かと、梅岩の主な著作を参照したが、「自我意志」という語は見当たらなかった。

〔5〕鉄製の鋸は、起源は中国かもしれないにせよ、日本では古墳時代、四、五世紀から用いられており、著者が言うように「六、七世紀前に」中国から日本に取り入れられたのではない。歯列の形状からも、日本では一貫して引き使いだったと思われるが、鉄器時代以後は押し使いが多いユーラシア大陸でも、ギリシャ、トルコからインド北部、ネパール、中国南部にいたる地域では、引き使い鋸が使われている。鉋については、中国と日本の関係では著者の理解は当たっている。ただ西洋で樽の側板を削る作業は、前傾した台の上で両脇に握りのある湾曲した削り刀を、手前に引いて行う。伝統的職人の車大工が、同一の削り刀を荒く力を要する作業では押して使い、細やかさが求められる作業では引いて使うのを、訳者はフランスで見ている。本書「川田順造との対話」の一四三〜一四四頁を参照。

〔6〕進化はダーウィン的な適者生存だけによらず、分子レベルでの遺伝子の変化は大部分が自然淘汰に対して有利でも不利でもなく、突然変異と遺伝的浮動が進化の主因であるとする説。進化論に大きな変更をもたらした。

月の隠れた面

ご臨席の皆さま、この〔「フランスにおける日本研究」をテーマにした六日間の〕シンポジウムを締めくくる部会で発言するようお招きくださるという、組織者の方々からたまわった大きな栄誉に、私は深く心を動かされています。そして同時に、私が今おそろしく皮肉な状況に置かれていることも、意識しないわけにはゆかないのです。なぜなら、シンポジウムの最後にフランスにおける日本研究を発展させる必要性が急務で重要であることを、実地に示したいと、もし本気でお考えになるのであれば、精神科医が患者を聴衆に見せるように、日本についてまったく無知な人間をここに連れてくるのが最もよい方法なのですから。皆さまが別の考え、能の厳粛な雰囲気や、歌舞伎風の変化に富んだ内容の部会のあとで、おしまいにちょっとした狂言のようなものを取り入れてみようとお考えでなかったとすれば、ですが。その狂言で私の役どころは、博学の先生方に立ち交じってどう振る舞ってよいかわからないまぬけで、『末広がり』のようにへまをして扇と傘《からかさ》を見分けられないところを見せたり、自分の考えを皆さまに聞かせたために、とんでもない思い違い――フランス語では「膀胱《ぼうこう》と提灯《ちょうちん》を間違える」という言い方をします――を露呈することだからです。しかし、結局私はこの役を務めさせていただくことにしました。それは（シンポジウムを開催してくださった）国際交流基金に対する感謝の念からに他なりません。と申しますのも、実を言えば、国際交流基金のおかげで、六週間足らずの日本滞在が、私の思考と生き方に、まぎれもない転換をもたらしてくれたのですから。

ちょうど二年前、私は日本を旅しましたが、同じ頃、私の研究室がある研究計画を採用しました。それは他でもなく「労働の概念」に関するものでした。というのも民族学者が研究する社会すべてに「労働」という言葉が存在するわけではなく、たとえ存在するとしてもフランス語と同じように使われているとは限らなかったり、私たちには労働を表す単語が一つしかないのに別の文化では複数あったりするという事実に私たちは驚いていたからです。ですから、さまざまな文明において、手仕事と知的労働、農作業と工芸、そのうちでも定住型と移動型、男性の仕事、女性の仕事の別などが、どんなやり方で考えられ、さらには名づけられているか——言うまでもなく、言語学から始めなければなりませんから——を調べることが重要です。同時に、職種は何であれ、労働者がその道具とのあいだにどのような形の結びつきを作っているかを調べることも重要です（この主題に関して私は、京都比叡山の山腹にある美しいお住まいで、吉田光邦教授とお話ししたとき、教授が、日本の職人が自分の使う道具に対して、人に向けるような愛着を持つことがあるとおっしゃっていたのを思い出します）。最後に、労働は自然とのどのような関係を前提としているか。西洋で一般に考えられているような、人間の側だけが能動的で、自然が受動的という関係があり、あるいは他の文明におけるように、人間と自然がまさに協力し合う性格を持つ関係もあります。ある能の上演[1]のとき、ここにおいでの渡邊守章教授は、能のなかでは労働はまさしく詩的な価値をもっている、なぜなら労働が人間と自然のコミュニケーションの一形態を表しているからだと、幾度も指摘してくださいました。それで私は国際交流基金に、私の旅行を、この種の問題だけをテーマに計画してほしい、つまり、なるべく大都会を避けて、やや辺鄙《へんぴ》な場所で仕事をしている職人や労働者と会わせてほしいとお願いしたのです。ですから、私が訪ねた博物館や寺院や聖域や名所、その旅行で最も感銘深いものの一つだった能登半島黒島の角海《かどみ》家の倉庫などについてはお話ししません。そのかわり、東京、大阪、京都そして日本海の隠岐の島にいたるまで、金沢、輪島、高山、岡山、その他の土地での、菓子職人、日本酒の杜氏《とうじ》、陶工、刀鍛冶、織物師、染織家、和服の絵付師、金箔師、木地師、(沈金《ちんきん》から蒔絵《まきえ》までの)あらゆる技法の漆芸家、大工、漁師、邦楽の演奏家、さらに板前にいたるまでの人たちとの出会いについて、お話ししたいのです。

異国趣味の幻影

細部には、立ち入らないようにします。申し上げるのは、これらの出逢いから私が引き出した仮の結論です。正しいか間違っているかはわかりません。いま一度、私が新参者であるということでお許し願いたいのですが、私は日本の職人仕事と西洋の職人仕事の根本的な違い、そして前者と反対に後者がその継承にあまり成功しなかった理由は、古い技術の存続とはあまり関係がないという印象を持ったのです。西ヨーロッパにも古い技術は残っています(ただし、植物、花、葉、樹液、根といった資源を利用する驚くべき知識は別かもしれません)。ですから両者の違いは古い技術が残っているかどうかとはあまり関係なかったのです。パリのフォブール・サンタントワーヌ周辺やその他の場所では、今も素晴らしい技術が伝わっています。それよりも、日本と西洋の違いは、家族構造が残っているかどうかと関係があると感じました。帰国して、フランスの関係諸官庁（ご存じのように工芸の保存に努めています）で、日本での私の体験を披露した際には、家族的構造の保全を図り、この種の構造をもっている工芸工房に、特別の優遇措置か最大級の便宜を与えて、その状態を維持し発展させる——このような趣旨の意見を私は述べました。

けれども同時に私は、自分自身を振り返ってみて、日本に発《た》つ前に思い込んでいたこと、日本に探しに行こうとしていたものが、おそらく、いわば空間的隔たりよりは時間的隔たりに基づく、一種の異国趣味の幻影だったのではないかということにも気づきました。つまり、ヨーロッパとは違って、工業化以前の社会の痕跡が残る地方のようなもの、産業部門によっては、より昔の姿が守られているところが見つかると思っていたのです。ただ、こうした痕跡は非常に特殊な性格を持っていますから、それらを理解するには、できるだけ古い時代にまで遡って、日本の過去に関するあらゆる種類の文献を読まねばなりません。そして日本人にとっては平安時代が絶対的参照点と言える存在であるので——このことに私は心を打たれました——、ここで私は日本人の範にならいました。

私はたちまち、逆説的性格をもった問題に、行き当たってしまいました。私はかつて、ウェイリーの翻訳で『源氏物語』を読んでいましたが、サイデンステッカーの訳で、さらに部分的にはシーフェールさんが刊行を始めたもので再読したのですが、一歩進むごとに、書かれていることに仰天したのです。そこにあるのは言うまでもなく、まず、民族学者にとって驚くべき研究素材です。母方親族の役割、交叉イトコ〔性が異なるキョウダイの子であるイトコ〕同士の結婚をめぐる心理など、そこにはこの上なく貴重な、あらゆる種類の情報があります。交叉イトコ婚は、ある時代、まさに歴史をもとうとしている社会、歴史をもつ意思を明らかにしている社会が捨てようとした婚姻形態です。なぜなら、婚姻規則からの解放と選択の可能性は、同時に投機や冒険や取り決めや契約の可能性を意味するからです。けれども同時に、この長い、緩慢な、錯綜した、動きにとぼしく、すべてが機微に包まれた物語は、私に何を考えさせ、ほかならぬ私たちの文学のなかに何を見せたでしょうか。おそらく私は、ありきたりのことを言うでしょう、もしかするとこのことは、すでに千回も言われたことかもしれません。私はそれを繰り返します、無知な新参者としてお話ししているのですから。私には、ただ一つの参照すべき作品、ただ一つの比較可能なものしか見出せません。それはルソーと『新エロイーズ』[2]です。いや、それだけではありません。何世紀もの隔たりのある『源氏』にもルソーにも、作者と登場人物との一つの関係が認められるのです。これは西洋では遥かにのちになって、例えばドストエフスキーやコンラッドにおいて明確になるものです。つまり、心理的な幻想や人間の動機といった考えは、外にあらわれたことや結果を通してのみ理解できるもので人物の頭のなかで展開している本当の心の働きは理解できません。それでいて、読者は、真実つまり実際に起こりうることに向き合っていると感じるのです。

ここでお許しをいただいて、二つの作品の筋をざっと比べてみましょう。まず、『新エロイーズ』では、遥かに年上の男と結婚している一人の女性が、かつて愛人がいたことを夫に告白します。すると夫はすぐさまその愛人を呼び出し、妻のかたわらで暮らすことを強制し、二人をともに不幸に陥れるのです。夫がこのように振る舞ったのは、サディズムによるのか、マゾヒズムによるのか、漠然とした道徳観によるのか、ただ単に馬鹿げたことをしてしまったのか、読者には決してわかりません。一方『源氏物語』の、たしか「宇治の章」〔宇治十帖〕と呼ばれている一連の章を見ますと、一体どんなことが描かれているでしょうか。二人の若い男が、初めて出会った二人の女にのぼせ上がり、彼女らを破局に導くのです。ここでも私たちは、いわば人間心理に到達する、同じ心の雰囲気、同じ段階に、まさしく立ちあっているように感じます。

次いで私は、シーフェールさんの翻訳のおかげで、『保元物語』『平治物語』『平家物語』に夢中になったのですが、そこでさらに、次々に思いがけない驚きに出会ったのです。そこにもまた、敵の首を取るために生き、人生が二十年で終わる若者の文明のなかに、民族学者が驚くような題材があるのです。それは、民族学者がもっとずっと未発達な社会において研究している双分的な組織だけでなく、その構成の変遷についてもより多くの情報を与えてくれるのです。私の思い違いでなければ、平安京では東と西とに地理的な双分が行われていたのが、鎌倉時代にはその原則が揺らいで北と南になり、純粋に地理的だったものが階層化された双分に変化したのです。[3]

日本を旅行しながら、私は他の町、他の地域でも、この種の組織の痕跡があることに気づきました。輪島は、昔といってもそれほど古くない時代に、上下関係にある二つの双分地域、「町の旦那衆」と「住民」に分けられていました。さらに隠岐の島の中ノ島では、北と南の二つの古い村が、一般民は村内婚しか行わず、上層階級の人々は、女性を相手の村に嫁がせる村外婚を行っていました。一方、これらの古い作品は、民族誌の資料であると同時に壮大な悲劇の「大ルポルタージュ」「人生の断面」——為義の子どもたちを殺す話を考えてみてください——であり、ここでもまた私は、フランスの文献でこれに相当するものはあるのだろうかと考えたのです。年代記と回想録の作者であり、同時にすぐれたレポーターでもあるというのは、めったにないことです。作者は数々の章の最後に大きく窓を開いて、胸を打つ侘びしさを歌い上げます（例えば、『平家物語』巻第二の、手写の経典に黴《かび》が生え、記念碑は苔におおわれ、寺院も荒廃するという、仏教の衰退の情景や、巻第七の終わりの、平家一族が福原を放棄するくだり）。このような要素の結合を私たちの文学に求めるとしたら、私にはシャトーブリアンの『墓の彼方からの回想』しか思い浮かびません。

日本は、あらゆるジャンルを一つにつなぎ、さまざまな時代を混ぜ合わせ、古びた出来事とヨーロッパでは六、七世紀後になってようやく現れる洗練され繊細で感性豊かな文学的様式とを、十一世紀から十三世紀のあいだに、私たちの前に一度にどっさり投げ与えるのですが、このような日本とは、一体何なのでしょう。この問いが私たちに投げかけられるのは、少しも驚くべきことではありません。このことを初めて理解した私自身にこの問いが投げかけられたのも、さらに当然のことです。けれども、私を驚かせたのは、日本人自身にこの問題が投げかけられているという印象を受けたことです。旅のあいだじゅう、それについて何も知らない私は、たえず質問を受けました。「あなたは日本をどう思われますか。私たちを誰だと思われますか。日本人は一つの民族だと思われますか。私たちは過去にヨーロッパ＝シベリアから来たものと南の海から来たものを寄せ集めました。そしてインド経由でペルシャの、次に中国、朝鮮の、その後、西洋の影響を受けているのです。一方で西洋は今やすっかり崩壊しようとしています。もう西洋には確固としたよりどころはないとお考えですか」。こういった質問を受けて、ぼんやりとした問い、不思議な印象が芽生えました。私が日本にいるのは、人が見せてくれるものを眺めるだけではなく、私が日本人と接することで作り上げたイメージのなかで、日本人が自分たち自身を見るという機会、決して十分に満足させられないにせよ、そのような機会を日本人に提供するためなのではないか、と思ったのです。私が提供できる要素だけをもとにして、日本の同僚や友人たちにどう答えられるでしょうか。大したことを答えられないのは確かです。けれども無知の気楽さで、他に類のない、この国らしさとして疑いの余地がない特性を挙げるとすれば、音楽、グラフィック・アート、そして料理ということになるでしょう。

グラフィック・アート、そして料理

音楽については、私はほとんど申し上げることがありません。日本の音楽は完全な独自性を持っているように感じられますが、その理由を表現するのに十分な能力が、私にはないでしょうから。これは伝統音楽の話です。もっとも――これも驚くべきことですが――この音楽で使われる楽器はすべて、それぞれ違った場所で生まれ、その発祥の地に応じて記譜法も異なっているのです。

グラフィック・アートについてはどうでしょうか。ここでは少し脱線して、私が日本滞在中、いささかやっかいだったことについて話をさせてください。このせいで日本の友人たちをいらいらさせることになったのです。お話ししたいのは、版画のことです。六歳の頃に出会って以来、私はずっと版画が大好きでした。（日本の友人たちからは）私が興味を持っているのは本当の日本芸術、つまり日本絵画ではなく、大衆的なものであり、『フィガロ』や『エクスプレス』に掲載されているカリカチュアと同じレベルのものだと何度言われたかわかりません。しかし友人たちの苛立ちが少しおさまったこともあります。特に、京都で四文銭というかなりみすぼらしい店で、大して古くはありませんが、安政時代の三つ折り絵を見つけたときがそうでした。広重の弟子の作品で、アメリカに同じものがありますので、私はその存在を知っていて関心を寄せていました。描かれているのは、魚が野菜と戦っているところです。この主題（異類合戦）は古くからあり、室町時代の太政大臣であり、歌人でもあった、たしか一条兼良《いちじょうかねら》という人が創作したものです。この主題が幾《いく》時代も生きのびて、「下手物《げてもの》」という大衆的な形式で十九世紀にもまだ存在していたのです。また東京大学の史料編纂所に行ったときも友人たちの苛立ちが少しおさまりました。この時私は、一八五五年〔安政二年〕に江戸で起きた地震に関する大衆的な図像資料（こういったものは非常に低く見られています）を閲覧したいと頼みました。そしてそこで、アウエハントも持っていないような、十九世紀の地震の言い伝えから得られるビジョンをたいへん豊かにする資料を見つけたのです。[4]

フランスに目を移せば、ゴンクール兄弟や印象派の画家たちといった陳腐なテーマに陥るのを怖れて、私たちはなおのこと苛立たしい思いをさせられるでしょう。しかし私は反対に、広く流布している考え方と反対の見方をしたいのです。というのも、十八世紀から十九世紀に発展した版画への大きな関心は、日本の芸術のうちにある極めて深い何かを表明するものだと思われるからです。このような話を、秋山光和《てるかず》さんのいらっしゃる前でするのを、お許しください。私が馬鹿げたことを申し上げれば、秋山さんが正してくださるでしょう。さて、この何かは、その決定的な性質をともなって、平安時代末期から『法華経』の挿絵に登場しているように思われます。そして土佐派に受け継がれ、藤原隆信作とされている三点の見事な肖像画〔伝源頼朝像、伝平重盛像、法然上人像か〕のなかではっきりとその姿を現すのです。これらの肖像画はアンドレ・マルローを深く感動させました。この何かは、中国のものでは決してなく、線描と色彩とが独立していること、つまり表現力豊かな線と平面的に塗られた色彩が特徴です。この相互の独立は、他のどの技法にも増して版画がよく表現できます。なぜなら中国の絵画は筆遣いの表現が特徴だと思われますが、木版画はもともと筆遣いを表現するのに向いていないからです。ところがヨーロッパでは、奇妙なことに、この独立性すなわちデッサンと色彩が互いに依存していない特性が、印象派の画家たちを熱狂させました。彼らは自分たちの芸術のなかでは正反対のことをしていたにもかかわらず、です。彼らが日本の版画を本当に理解していたなら、モネ、ピサロ、シスレーという方向ではなく、アングルに回帰していたでしょう。アングルの作品には、同時代人に衝撃を与えた、まさにこの線と色彩の二元性が認められるのです。

最後に料理ですが、これまた通俗的なことを一言話させていただきます。ご承知のように、私の本のなかで、料理の研究は一定の役割を担ってきました。私の目から見て、自然界を物理的に自分の身体に取り入れようとする方法ほど、重要なことはないからです。もっと白状しましょうか。私が日本料理がすっかり好きになり、二年前から日常の食事に、海苔としかるべきやり方で炊いた米をとり入れたほどです[5]。日本で山菜料理から懐石料理にいたるあらゆる種類の料理を味わい、料理人と長時間にわたって実り多い対話をして、まったく独創的な何かがあると思いました。日本料理はほとんど脂肪を使わず、自然の素材をそのまま盛りつけ、それをどう混ぜ合わせるかは食べる人の選択と主体性にまかされています。これほど中華料理から遠く隔たっているものはありません。

美術と料理のあいだに、少なくとも二つの変わらぬ特徴を認めることができるように思います。まず簡素さに表れた健康な道徳と精神で、独立主義、分離主義ということができます。純粋な日本の伝統的グラフィック・アートも純粋な日本料理も、混ぜ合わせることを拒否し、基本的な要素を強調するのです。当たっているかどうかわかりませんが、中国の仏教と日本の仏教の違いの一つは、中国では同じ寺院のなかに異なる宗派が共存しているのに対して、日本では九世紀から、ある寺院は天台宗だけ、ある寺院は真言宗だけという具合になりました。しかるべき分離を保とうとする努力が、別の分野に表れた例です。しかしまた、日本人には並はずれたやり方で手段を節約するという性質があります。これが日本の精神を本居宣長――彼は今回のシンポジウムで何度も引用されました――が言うところの「中国風の仰々しい饒舌」に対立させています。この手段の並はずれた節約によって一つ一つの要素が複数の意味を持つようになり、たとえば料理では、一つの食品が季節感を出し、美しく盛りつけられ、味とは別に独特の食感を楽しませてくれるのです。

虫の鳴き声

日本語は、おそらく音調言語ではないか、もしくはわずかに音調言語であるかでしょう。けれども日本文明は「音調文明」のように思えるとはっきり申し上げます。各々のものが、同時に複数の音域に属しているのです。この共鳴、すなわち物事を喚起する力が、「もののあわれ」という謎めいた表現が暗に意味している様相の一つではないか、と思うのです。簡素さは豊かさを生み出し、物事はより多くの意味を持つのです。書評で読んだのですが、日本の神経学者角田忠信博士は近著のなかで、日本人はアジア人も含む他のすべての民族とは異なって、虫の鳴き声を右脳でなく、左脳で捉えるということを示したそうです。ここから、日本人にとって虫の鳴き声は騒音ではなく、口に出して発音された言語活動の部類に入っていることが考えられます。[6] 実際、西洋の物語の主人公が、光源氏のように、庭に遠い国から虫を運ばせてその歌を楽しむということが、想像できるでしょうか。

こうした差異にもかかわらず、ヨーロッパの十八世紀および十九世紀は、日本芸術のうちに本質的な価値を、ヨーロッパ芸術とは比較できない価値までも認めることができたのです。私はまた、日本の最も古い文学が、違うやり方で構成された私たち自身の参照作品を私たちにつきつけたのだとも申し上げました。[7] 一方、日本は、西洋と対等になり、いくつかの面では凌駕《りょうが》する力のあることを示してきました。それゆえ私たちのあいだでは、差異を超えて、ある種の共謀、互いに対をなし、映し合う関係があるに違いありません。

日本語では、話者は普通家から出る意思を表すとき、間もなく戻って来ることをほのめかすように思えます。日本滞在中、工芸家たちが、鋸や鉋《かんな》を私たちがやるのとは逆方向に、遠くから近くへ、対象から主体へ向かって使うという事実に驚きました。そして、丸山眞男さんの名著『日本政治思想史研究』（一九五二年）を英訳 ***Studies in the Intellectual History of Tokugawa Japan*** で読んで、明治時代の初めに、日本が西洋と対等になろうとしたのは、西洋に同化するためではなく、西洋から自分をよりよく守るための手段を見出すためだったということが、よく理解できました。この三つの事例では、遠心的な動き――西洋ではこのように認識されています――に求心的な動きが対置され、話し言葉、工芸技術、政治思想といった極めて多様な分野で、自分に戻るという驚くべき能力が発揮されています。

想像をたくましくすると、私は明治時代に日本で起こったことを、その一世紀前の一七八九年にフランスであったことと比較してみたくなります。なぜなら明治は、封建制（厳密な意味での封建制ではありません。この問題についてはこのシンポジウムで極めて的確な見解を聞かせていただきました）から資本主義への移行の時期でしたが、フランス革命は瀕死の封建制、そして有産階級の役人とわずかばかりの土地にしがみつく農民たちが生み出しつつあった資本主義、この両方を破壊したからです。もしもフランスの革命が上から、王に対抗するのではなく王によって――封建制のなかで継承された特権を貴族から取り上げるが、富には手をつけないというやり方で――行われたとしたら、貴族だけがあえて手を出していた大きな企て（資本主義）が飛躍的な発展を遂げていたかもしれません。十八世紀フランスと十九世紀日本は、国民を国家共同体に同化させるという同じ問題に直面していました。一七八九年の革命が明治維新のようなやり方で進行していたら、おそらく十八世紀フランスはヨーロッパにおける日本になっていたでしょう。

最後に、フランス人の同僚としてではなく、アメリカ研究者として、考察の締めくくりをさせていただきます。カリフォルニア先住民の多くの言語、ウィントゥン語、マイドゥ語、そしておそらくペヌシアンと呼ばれる語族のすべての言語さえもが、オブ＝ウグリック諸語、つまりシベリア西部の言語でウラル語族であるらしいことが、数年前からわかってきました。

ウラル＝アルタイ語族の語族としての一体性が強固であるか脆弱であるかといった空論に手を出すつもりはありません。けれども、ウラル語族の言語が北アメリカの太平洋岸に存在するのであれば――今後はそう考えてよいのですが――、この同じ太平洋に、従来考えられて来たものより遥かに広い範囲にわたって、アルタイ語系の言語が存在することが明らかです。なぜなら、そうなれば日本は一種の堆積丘、たえず堆積し続ける層の重なりのように思われてきます。これらの層については語られ、名前もつけられました。しかしこの孤立した堆積丘は、ヨーロッパ＝アメリカと呼んでもよい台座の上にあり、日本だけがその存在を証明しているのです。

そうなると、いわば月の、目に見える側――エジプト、ギリシャ、ローマ以来の旧世界の歴史――からではなく、月の隠れた側――こちらは日本学者、アメリカ学者の領分です――から歴史に取り組む者にとって、日本史の重要性は他の歴史、つまり古代世界や、古典期以前のヨーロッパの歴史の重要性と同じくらい戦略的な意味を持ってきます。太古の日本がヨーロッパと太平洋全体の架け橋の役割を果たし、日本とヨーロッパそれぞれのシンメトリックな――似通っていながら対極にある――歴史を発展させたと考えるべきでしょう。赤道を境に季節が逆になるのとやや似てはいますが、領域も軸も異なっています。ですから、今回のシンポジウムのテーマであるフランス―日本という角度からだけでなく、遥かに広い視野から、人類の過去の最大の謎である領域に近づく重要な鍵を、日本が握っているように思えるのです。

訳注

〔1〕能や世阿弥への強い関心にもかかわらず、著者レヴィ＝ストロースが演能を実際に観たのは初来日の一九七七年、東京に到着した直後、すでに手配されていた世阿弥作『高砂』（観世流）の一回、一曲だけである。「労働の概念とその表象」がこの訪日の主な関心だったので、老いた男女が熊手と箒を持って登場し、掃除をしたことに衝撃を受け、能が労働を表象するという性急に一般化された印象を抱き、同行した渡邊守章氏に同意を求めた。限定つきだったその時の渡邊氏の説明を、このシンポジウムの講演では、拡大解釈して援用している気味がある。

〔2〕著者は研究上の一種の極限概念として、人類社会を「熱い社会」と「冷たい社会」、「歴史（＝変化）への意志」をもつ社会と、それをもたない「反復のうちに生きる社会」に分け、人類学者独自の研究対象として、後者を想定している。

〔3〕平安京の東西は、南面する大内裏から見て、中央路朱雀大路の左＝東、右＝西で、左大臣、右大臣にも対応し、左＝東が位が高い。著者が言うような、純粋な地理的双分ではない。

〔4〕アウエハントが一九六四年、ライデン大学に提出した鯰絵研究の学位論文は、同年ライデンで英語で出版されて、欧米では大きな反響を呼んでいたが、日本語の全訳が刊行されて、地震と鯰絵の関係についてのアウエハントの研究が日本で知られるようになったのは、この講演が行われたのと奇しくも同じ、

一九七九年十月以降のことである。

〔5〕フランス式に熱湯に米を入れて煮るのではなく、水から炊く日本式の「ご飯」に、訳者が定期的に補給していた焼き海苔を添えたものは、著者の大好物だった。このシンポジウムの十七年後、著者の八十八歳「米寿」を祝って、次男マティユーは日本製の電気炊飯器を贈り、以後満百歳で亡くなる直前まで、日本式ご飯と日本製焼き海苔を食卓に欠かさなかったと、モニーク夫人も追想していた。

〔6〕このシンポジウムがパリで行われた前年の一九七八年に、日本文化論として日本語で発表された角田忠信『日本人の脳』(大修館)は、数秒間という実験のあり方や言語についての基本的無理解から、専門家には初めから無視された。訳者も角田氏との公開対談で、アフリカの太鼓言葉などの例も挙げて疑問を呈し、著者も、その後刊行された英訳を読んで、角田説はまったく問題にしなくなった。

〔7〕『大鏡』(十一、十二世紀)序の冒頭に「昔の人はもの言はまほしくなれば穴を掘りては言ひ入れはべりけめとおぼえはべり」とあるのは、王に驢馬の耳が生える古代フリュギア(現在のトルコ北西部)の物語が、古代ギリシャに伝えられた一方で、チベット、モンゴル、朝鮮、日本にも伝えられた痕跡とされている。この挿話は、本書「世界における日本文化の位置」(一九八八年)の三三頁でも引かれているが、一九七九年十月にパリで六日間にわたって行われたこのシンポジウム「フランスにおける日本研究」でも、著者が、結びの講演である本章以前の討議における発言で引いたと思われる。

因幡の白兎〔1〕

因幡《いなば》の野兎の物語(1)のなかに、東南アジアに知られている短い動物譚の、数多くの類話が認められることには、以前から研究者の意見が一致しており、クラウス・アントニがその一覧を作成している。だが、いま私が検討しようと思っているのは、まったく異なる方向においてである。実際、アメリカ先住民の神話は、北アメリカでも南アメリカでも、類似した物語を含んでおり、アメリカ先住民神話において、これらの物語は重要な位置を占める。このことはそれゆえ因幡の野兎の物語を解明するのに役立ってくれる。

この物語には、南アメリカ先住民の伝えているものが最も近い。敵対者に追われている主人公(ときとして女性)が、南米産の鰐《わに》カイマンに、川を渡してくれと頼む。鰐は承諾するが、心のなかで悪事をたくらんでいる。鰐は主人公に自分を侮辱する(呑み込んでしまうのに都合のよい口実だ)ようにさせる、あるいは侮辱したと言って責める、もしくは無事に到着した主人公は鰐から逃れられると思って、実際に侮辱する。(2)これらは、野兎が岸に着くか着かないかのうちに、鰐をあざ笑って騙《だま》していたことを明かすという、日本で知られている二つの類話に最も近い。

雷鳥

この挿話は、北アメリカでは遥かにスケールが大きい。ミズーリ川上流に定住し、トウモロコシの栽培と野牛の狩猟で生活していたマンダン族の、ある大神話のなかにこの挿話がある。マンダン族はきわめてこみいった儀礼生活を営んでいた。この神話は一年の重要な節目をしるす行事暦の由来を説いている。

二人の兄弟が、さまざまな冒険を経たあとトウモロコシの母である農耕神のもとにたどり着く。二人はこの神のもとで一年過ごしたあと、彼らの村に戻ろうとする。一筋の川が行く手をはばむ。彼らは角の生えた蛇の背に乗って川を渡るが、蛇の力を保つために、食べ物を与えなければならない。さもないと皆、溺れ死ぬおそれがあると蛇が言う。しかし、対岸にたどり着いたとき、兄弟が土手に跳び上がると、蛇は兄弟の一人を呑み込んでしまう。残った一人は、そこに居合わせた雷鳥の勧めに従って、まがいものの食物を与えて、うまく呑み込まれた方の兄弟を助ける。雷鳥は、その天の住処《すみか》に二人の兄弟を連れて行き、兄弟はそこで、ありとあらゆる武功を立てる。一年経つと、雷鳥たちは兄弟を彼らの村に連れ戻し、そこで毎年秋に、雷鳥を敬う祭りを行うように命じた。

ここで、『食卓作法の起源』(3)で多くの頁を割いた、この神話の長い分析を、細部まで繰り返すことはできない。二つの点にだけふれておく。まず、この神話は、三つのくだりから成り立っていることがわかる。第一のくだりは、農耕神のもとでの地上の滞在、第三のくだりは、戦《いくさ》の神のもとでの天上の滞在が語られる。第二のくだりは、滞在ではなく旅であり、水の上で展開する。

二つ目の点は、主人公たちの行動に関わるものである。農耕の神のもとでは、二人の兄弟は節度をもって振る舞わなければならない。狩りをすることは許されているが、こっそり、少しだけしかやってはならない。一方、雷鳥のところでは、彼らの行動は度外れなことが特徴だ。ほどほどにせよ、という再三の忠告に耳を貸さず、彼らは怪物に立ち向かい、殺す。水は天と地の中間をなす要素であるから、水棲の蛇に対する二人の兄弟の行動もまた、節度と度外れの中間にあり、取り引きしたり、騙《だま》したり、嘘《うそ》の約束をしたりする。このどっちつかずの振る舞いは、アメリカの神話においては論理的に必然の結果となっており、他の二つの行動から推測できる。そしてこれは鰐に対する因幡の野兎の振る舞いでもある。意味のない些細《ささい》な要素と思われるかもしれないが、アメリカの例では、全体のなかに統合されており、そのなかで意味づけを持っている。

『古事記』のなかで、因幡の野兎の話は、フィリッパイによる英訳本の二一章から三七章を占めていて、(4)「オオクニヌシノミコト武勲詩」とも言えるものの冒頭の挿話である。そのあとの挿話で語られるのは、オオクニヌシノミコトとその兄弟たちの恋争いで、兄弟たちは仕返しに、死に至るような試練をオオクニヌシノミコトに課する。試練の一つは、特に注意を引くだろう。兄弟たちは一本の木を伐り倒し、斧で幹を裂き、楔《くさび》を打ち込んで縁を開く。そして弟を隙間に入らせて楔を抜き、幹が閉じてつぶされるようにするのである。

ところで、他に例を見ない(5)このモチーフは、甥または婿を亡き者にしようとする伯（叔）父や義父が登場するアメリカ先住民の神話に典型的なものである。スティス・トンプソンは『モチーフ・インデックス』でH一五三二に分類し、彼の『北アメリカ・インディアンの物語』の一二九では、アメリカ神話学者が使用していた「楔の試練」という名称をつけている。採録された三十ほどのこの型の神話が、アメリカ合衆国とカナダの、アラスカ山脈とロッキー山脈の西側の地域に集中していることは注目に値する。オセアニアと日本とアメリカのこの地域にある一つの神話について、もう一世紀以上前にボアズ（Boas: p. 352）は、その起源がアジアの末端にあるという結論に達した。「楔の試練」についても、他の結論は考えにくい。

オオクニヌシは、兄たちの言いなりにさせられていたけれども、兄も自分も求婚していた王女の好意を勝ち取る。このオオクニヌシと兄たちとの戦いは、多少の変形はあるものの、世界の神話のいたるところに見られる。そのため、普通に考えれば、この物語に特別な意味があるとすべきではない。しかし『古事記』では、気位の高い渡し手が登場し、主人公がこの渡し手と取り引きをしたり、騙したりして助けてもらうという挿話がこの物語と結びついている。嫉妬深い親族（一人もしくは数人）が出てくるアメリカの神話でも同様の結びつきが見られる。つまりこう考えた方がよいだろう。これらのバージョンは同じ一つの物語にいくつかのモチーフの基盤を置いている。これらのモチーフは、日本では、異なった、単に近接しているだけの物語に使われている。例えば兄嫁から濡れ衣《ぎぬ》を着せられた主人公が、湖のなかの無人島に置き去りにされる。彼は、水獣から湖を渡って陸地に送りとどけてもらうことになる。(6) つまり、『古事記』ではつながりがない（登場人物が同じでない）ように思われ、そのためあれこれと模索がなされたこの結びつきは、アメリカの神話のなかで、その動機が明らかにされているのである。

次に、オオクニヌシの武勲詩に続く、スサノオノミコトのもとで起こる挿話に移ろう。スサノオノミコトは、アメリカの神話でぴったり対応する神がおり、「邪《よこしま》な義父」、英語の分類符号では **"evil father-in-law"** と呼ばれる神話に登場する。最も広く知られている類話では、しばしば社会的に不遇か、奇蹟的な生まれ方をした若い主人公が、太陽の娘と結婚するために天界に昇る。スサノオは確かに太陽に関わる神格ではないが、スサノオが自らのために選んだ滞在先（『古事記』第一三章六）や、オオクニヌシが赴く場所（第二三章一）は、疑いもなく「別界」の性格を示している。いずれにせよ、日本でもアメリカでも、主人公は目的の場にたどり着き、その別界を支配する者の娘に出会う。娘は彼との恋に陥り、父親のところに連れて行く。父親は結婚に同意するが、生き残れないような試練に遭わせて、婿を亡き者にしようとする。日本でもアメリカでも、主人公は父親に抗して夫の味方をする若い妻の呪力のおかげで、死を免れるのである。

鶴と鰐

日本と異なってアメリカでは、この一連の神話のなかに「渡し手」の挿話が、動機づけられた位置を与えられている。だが、そのことを示すためには、説明が要る。

北アメリカの神話では、渡し手は鰐《クロコダイル》（世界でこの地域では「アリゲーター」だが）であったり、鶴であったりする。鰐は一方の岸から、他方の岸へと移動する。鶴は、それを呼ぶ者の反対側の岸にいて、脚の一本を歩道橋のように伸ばす。そして渡して欲しいと頼む者に、讃辞か贈り物を要求する。鶴が同意した場合には、自分の膝は脆いので膝に当たらないようにと前もって教える。讃辞か贈り物を受け入れない場合、鶴は何も言わず、膝は衝撃を受けたかのように折れ、渡してもらっている者は水に落ちるのである。

鰐が、良からぬたくらみと見返りの要求のために、渡し手として半分の働きしかしないように、鶴も頼んだ者の一部しか渡さない。鶴は、いわば半導体の役割を演じる。ある種の客はまったく安全に運ぶが、他の者は運ぶのを中断し、溺れさせるのだ。

前置きの前置き。最近の論文で、エドウィナ・パーマー女史が私に教えてくれたところでは、多くの『風土記』によると、山中に棲む番所守の神は、旅人二人のうち一人、百人のうち五十人、あるいは単に半分しか通さず、残りは殺したのではないかという。アメリカと同様、日本にも半導体の機能をもった神話的存在がいたのだろうか。今はこの問題を指摘するにとどめ、アメリカの神話が、渡し手の神話と融合させている「邪な義父」のモチーフに戻ろう。

現在のワシントン州の太平洋岸に住む、サリシュ語を話す先住民の神話の一つに、二人（数人の場合もある）の兄弟の末弟が、多くの愚行を演じる物語がある。不用心にも夕食に招いてしまった一匹の鬼に追われて、主人公はとある川の岸にたどり着き、対岸に見つけた鶴を呼ぶ。この鶴は雷神で、主人公は助けてもらうために過酷な取り引きをしなければならない。雷神は結局、川を渡してやることに同意し、彼をもてなし、彼と結婚させるべく娘を与える。その上で、雷神は主人公がまちがいなく死ぬようないくつかの試練を課するのだが、その第一に「楔の試練」がある。そして主人公は妻のおかげでそれを乗り越える。

このようにして、「渡し手」と「邪な義父」は、『古事記』では二章〔フィリップパイの英訳書の章立て〕を隔てて、別の人物として登場するのだが、アメリカの神話では同一の人物になりうるのだ。

オオクニヌシの神話と、それと比較したアメリカ先住民の神話が、どの点で似通い、あるいは異なっているかがわかる。ここかしこに、同じモチーフあるいは主題の融合が認められる――気位の高い渡し手、嫉妬深い近親者、邪悪な義父、裂かれた木の幹の試練（そしておそらく良い忠告者としての鼠、この点はさらに掘り下げた研究が必要であろう）。しかし、これらのモチーフあるいは主題を、日本の神話は並列しているのに対し、アメリカ先住民の神話は一つの物語に構成している。それはあたかも、古い墓のなかの骨が、もうつながってはいないが、互いに近いところにとどまっているおかげで、それらが一体をなしていたことがわかるように、オオクニヌシの神話の諸要素が互いに近接し合っていることは、アメリカ神話におけるように、それらが有機的に結び合わされていたことを示唆していると言えるのではないだろうか。

そこから、結論として何が言えるだろうか。アジアの大陸部に起源を持つと思われる――その痕跡を探さなければならないが――神話の一体系が、まず日本に、次いでアメリカに渡ったことをすべてが示しているようである。その体系は、日本の神話では互いにつながりはないが物語のなかでは隣接し合っているさまざまな要素によって、見当をつけることが可能だ。アメリカでは、おそらく遅れて伝わったために、要素間の結びつきがより認めやすい。このような仮説に立てば、『古事記』に因幡の野兎の物語があることは、偶然ではない。それに先立つ、あるいはそれに続く挿話と関係がないように見えるにせよ、この物語はそれなりに一つの神話体系に統合されていることを示しているのではないか。その神話体系のアメリカの事例は、一つのアイデアを生むことを可能にしてくれる。私自身よりも有能な日本神話の専門家たちが、私が提示した仮説に触発されて、この神話体系のすべてのつながりを結び直してくれるだろう。

原　注

（1）*Kojiki*, chap. 21. 章末の「参照文献 *Kojiki*」参照。

（2）Claude Lévi-Strauss, *Le Cru et le Cuit*, p. 259〔クロード・レヴィ＝ストロース（早水洋太郎訳）『生のものと火を通したもの』〈神話論理1〉みすず書房、二〇〇六年、三五七頁〕参照。

（3）Claude Lévi-Strauss, *L'Origine des manières de table*, p. 359-389.〔クロード・レヴィ＝ストロース（渡辺公三ほか訳）『食卓作法の起源』〈神話論理3〉みすず書房、二〇〇七年、五〇一〜五四二頁〕

（4）神の名の表記と章への分割は、D. L. Philippi（1968）に拠っている〔訳注〔1〕参照〕。

（5）とはいえ、クロトンのミロ〔古代ギリシャの伝説的格闘士で、森で樹の裂け目に手を挟まれて動けなくなり、獅子に食い殺されたという〕の話も微かに似てはいるが。

（6）この点については、Claude Lévi-Strauss, *L'Homme nu*, p. 401, 462-463〔クロード・レヴィ＝ストロース（吉田禎吾他訳）『裸の人2』〈神話論理4-2〉みすず書房、二〇一〇年、五五四、六四一〜六四三頁〕参照。

訳　注

〔1〕フランス語では単語として、野兎 lièvre を家兎 lapin と区別するので、原文に忠実には « Le lièvre blanc d'Inaba » という標題も「因幡の白い野兎」と訳すべきだが、標題だけは日本語で一般に知られている慣用に従った。『古事記』の原文では「素菟」であって、毛皮の色が白かったことを表すか、毛皮を剝がれた状態を示すかについては諸説ある。本居宣長の『古事記伝』にも、「素」は「裸」の意味ではないかと述べられており、著者レヴィ＝ストロースが依拠した Donald Philippi（1968）の英訳でも、"a naked rabbit" となっている（兎に関しては、Philippi は野兎 hare でなく、家兎 rabbit という語を用いていい

る）。著者も標題以外では、この野兎について、「白」という形容は一切用いていない。著者は原注で*Kojiki*, chap. 21としているが、『古事記』には章立てはない。第二一章としたのは、原注（4）にあるように、Philippiの英訳の区分に拠ったものである。『古事記』に描かれた「和迩」は、水棲爬虫類の鰐ではなく、出雲地方で鮫を今もワニと呼ぶように、軟骨魚の鮫を指していると見る説（倉野憲司・武田祐吉『古事記』〈岩波日本古典文学大系1〉注、西郷信綱『古事記注釈』第二巻、平凡社など）もあるが、Philippiの英訳書の補注13に詳説されているように、この説話の東南アジア起源説、『倭名類聚抄』に記されている語義などを根拠に、水棲爬虫類の鰐とする説もあり、著者も、一貫して爬虫類の鰐として取り上げている。また、神の名の発音表記についても、著者は初稿では特殊なPhilippiの表記に従っていたが、二〇〇二年に、この論文が篠田知和基編『神話・象徴・文学』II（楽浪書院）のために執筆されたとき、寄稿依頼を仲介した訳者との文通で著者の了解を得た上で、日本版のフランス語テキストにおけるローマ字表記では、日本で広く用いられている表記に改めて掲載した。本書でも原文は、「オオクニヌシ」をOpokuninusiと表記するなど、古代日本語の表記法としてそれなりに理由のあるPhilippiの英訳本における表記を用いているが、和訳にあたっては、右記二〇〇二年の日本版のフランス語テキストで改めたままの表記、例えば「オポクニヌシ」でなく「オオクニヌシ」を用いた。Philippiの英訳をめぐっては、畏友藤井貞和さんから貴重なご教示をいただいた。

参照文献

Antoni, Klaus J., *Der weisse Hase von Inaba. Vom Mythos zum Märchen* (*Münchener ostasiatische Studien*, vol. 28), Wiesbaden, Franz Steiner Verlag, 1982.

Boas, Franz, *Indianische Sagen von der Nord-Pacifischen Küste Amerikas* (*Sonderabdruck aus den Verhandlungen der Berliner Gesellschaft für Anthropologie, Ethnologie und Urgeschichte*, 23–27), Berlin, 1891–

1895.
Kojiki (traduction, introduction et notes par Donald L. Philippi), Tôkyô, University of Tokyo Press, 1968.
『古事記』（ドナルド・L・フィリッパイ英訳、序文、注）東京大学出版会、一九六八年。
Lévi-Strauss, Claude, *Le Cru et le Cuit*, Paris, Plon, 1964.
レヴィ＝ストロース、クロード（早水洋太郎訳）『生のものと火を通したもの』〈神話論理1〉みすず書房、二〇〇六年。
Lévi-Strauss, Claude, *L'Origine des manières de table*, Paris, Plon, 1968.
レヴィ＝ストロース、クロード（渡辺公三ほか訳）『食卓作法の起源』〈神話論理3〉みすず書房、二〇〇七年。
Lévi-Strauss, Claude, *L'Homme nu*, Paris, Plon, 1971.
レヴィ＝ストロース、クロード（吉田禎吾ほか訳）『裸の人1』〈神話論理4－1〉『裸の人2』〈神話論理4－2〉みすず書房、二〇〇八、二〇一〇年。
Palmer, Edwina, « Calming the Killing *Kami*: The Supernatural Nature and Culture in *Fudoki* », *Nichibunken Japan Review*, 13, Kyôto, 2001.
パーマー、エドウィナ「神殺しの鎮め　『風土記』に見る超自然的自然と文化」『JAPAN REVIEW』13、日文研、二〇〇一年。
Thompson, Stith, *Tales of the North American Indians*, Cambridge, Mass., Harvard University Press, 1929, p. 269-386.
Thompson, Stith, *Motif-Index of Folk-Literature*, Bloomington, Indiana University Press (imprimé à Copenhague par Rosenkilde & Bagger), 1958, 6 vol.

シナ海のヘロドトス

一九八三年五月、東京での滞在ののちに、私は、沖縄とその近隣の島、伊平屋《いへや》島、伊是名《いぜな》島、久高《くだか》島に調査を続けに行く日本人の同僚二人に、同行する幸運に恵まれた。

言葉もわからず、まして方言についても無知な私は、琉球の文化について一世紀近く前から、日本人、アメリカ人、ヨーロッパ人（そのなかに、今日ではフランス人パトリック・ベイユヴェール氏がある）の学者が行ってきた多くの仕事に、私の観察がどんなことであれ付け加えられるなどとは思ってもいない。私は同僚の聞き取りに傍観者として同席し、時にはあえて質問をした。同僚たちはそれを通訳し、さらにそれに対する答えを私に訳してくれた。

私は以下に書くことが、一つの出来事の背景となることしか望んでいない。書きとめたことがどれも他に類するものがないので、独自の性格を帯びるかもしれないけれども。この文章を、ある古代ギリシャ研究者〔ジャン＝ピエール・ヴェルナン〕のために編まれる論文集に掲載しても、場違いではないと思う。

男性原理は東、女性原理は西

日本を初めて訪れる人は、海岸地帯に信じがたいほどの住民が密集していることに、啞然《あぜん》とする。琉球諸島では、そのようなことはまったくない。亜熱帯植物相は台風のためにあまり高く育たず、海に近いところでは、タコノキが著しく密生する灌木林に限られていて、そこでは一キロか時には二キロメートルも人家が認められない。

にもかかわらず、そこにも、訓練されていない目にはほとんどわからないが、極めて独創的な文化の存在する証拠が多数あり、最初の観察者たちが記述した当時のままの姿を認め、驚嘆するのである。

どの村でも、南北に伸びる主要な道が、村を二つに分けている。この二つの地区は、今でも毎年綱引き（綱は二本からなっていて、それぞれ巻いて、一方が他方のなかに入るように掛けておく）をする二つのチームを作り、互いに相手を引きずり倒そうとするのである。村によっては、男性原理を表している東のチームが勝つことを期待したり、男性原理より下位に置かれているが、多産と豊穣《ほうじょう》をもたらす女性原理を表す西のチームが勝つことを期待したりする。

家々は大部分木造だが、何軒かはすでにコンクリートで、すべて南向きで、まだ伝統的な造りを守っている。支柱より前方へ突き出ている床板は、正面に沿った狭い縁側を形づくっている。正面は広く開いているが、台風のときは重い木の扉で守られる。それぞれの家には主要な二間があり、そのうち男の部屋は東に、女の部屋は西に、裏に台所と、子どもや食糧貯蔵にあてられた一、二の小部屋がある。

各家は、また、塀で囲われた小さな庭の中央を占めている。塀は多くは不規則な多角形に刻まれた珊瑚礁で造られていて、つなぎの詰めものなしに、インカの城壁の石片と同じ正確さで一つ一つが嵌《は》め合わされている。あちこちで、コンクリート・ブロックがこれに取って代わっており、第三の段階も姿を見せ始めている。解体された家から集めたブロックの破片で造った塀、という段階だ……。珊瑚礁の古い塀が残っているところではどこでも、時を経て黒ずんだその色調が、非対称形の小広場の地面を覆って鮮やかな緑をなす草や、南海であることを示す繁みや花、塀を崩してその破壊作業の仕上げをしている無花果《いちじく》の樹の、色褪《いろあ》せて身をよじる根と、忘れがたい調和をなしている。

庭の配置は、家の間取りと同じくらい、一定しているように思われる。南側では、外壁が途切れて入口を作っている。少し奥まったところに、石の仕切り壁か木の板が、家族の生活を通行人たちの視線や、それ以上に不吉な力が及ぶのを防ぐ遮蔽物として、設《しつら》えられている。不吉な力に対しては、四辻の道標にも、呪文が刻まれるか描かれるかしている。庭に入るには、この遮蔽物を、右からか左からか回らなければならない。東側を通ることは、儀礼のときだけに限られている。西側の通行は日常用だ。この境を越えれば、庭の北東の角に向かって、ためらわずに進むことができる。そこには必ず、土地(家)の神を祀った祭壇が見える。祭壇は、地面に直接もしくは石をいくつか積み上げた上にあって、形が変わっていたり、めったに見つからないような面白い貝殻や、その他の自然物が集められている。そして西側には(まだ残っているとすれば)豚小屋と用足し場が、それぞれ固有の神に護られて位置している決まりである。

むきだしの板に囲まれた台所には、しばしば場違いな現代風が認められるが、いつも一か所に小皿があって、なかに三つの石が置かれている。これは火床の神「カマド」を表す。中心の部屋では、朝から晩まで、誰も見ていなくてもテレビがつけ放しになっている。テレビに映る「浮世の図像」が、かつての日本の「浮世絵」に取って代わったのだ。

女性たちによるイニシエーションの儀礼

先ほど私は、地方の祭祀について言及した。専門家たちは、これらが非常に古く、おそらく日本全土に共通していた、神道の形成に先立つ、かつての文化層に属すると信じている。これらの祭祀においてまず強く印象づけられるのは、神殿や造形表象がまったく存在しないことである。テレビや、電気調理器や、電気洗濯機があるにもかかわらず、これらの小さな森、これらの岩、これらの洞穴、これらの天然井戸、これらの泉に囲まれて、私はいまだかつてないほど先史時代を身近に感じた。琉球の人たちにとって、これらのものが唯一の、しかし多様な形をとった聖なるものの現れなのである。

沖縄本島では、那覇県庁の周囲およそ二十キロメートルで、荒らされた自然――今ではアメリカの兵舎や、ガソリンや物資の貯蔵所が建っている――が、一九四五年の戦いの激しさを伝えている。だが島の大方の部分では、風景は無傷のままのように見えるか、あるいは回復している。行程半ばで訪れた本部《もとぶ》半島にある、十四世紀には独立国の本拠だった今帰仁城《ナキジングスク》があり、廃墟になった石垣は、中国の城壁を小型にしたような様子をしている。今も巡礼の目的地である高台では、祖先がやって来たと思われる伊平屋島や伊是名島の方角の海に向かって、かつては儀礼が行われていた。いずれにせよ伊平屋島は、第一および第二尚氏《しょうし》王統の揺籃の地だ。尚氏は、すでに存在していた三つの王国を統一して、十五世紀から一八七九年に日本に統合（北方の奄美諸島は、一六〇九年すでに薩摩の大名によって征服されていた）されるまで、琉球諸島を支配していた。

島の反対側、東南の知念岬にある斎場御嶽《セーファウタキ》の遺址は、今もなお崇敬の場である。ごつごつした岩、洞穴、樹木が繁り水が流れ落ちる急斜面が作り上げる壮大な景観である。ここでは島々にかなり多く生息する毒蛇に用心しなければならない。そのため人々はあまりに人里離れた古くからの聖なる遺跡に行かないのだ。斎場御嶽の高みからは久高島が見える。この島は、あとでまた述べるように、沖縄諸島の宗教生活にとって特別な位置を保っている。しかし、いずれの島でも、海の彼方にある住処《すみか》ニラもしくはニライから、神々が人間に平和と幸せをもたらすために渡って来るのを、毎年盛大に迎える。

よく知られていることだが、文化的機能をもった父系の単系血縁集団門中《ムンチュウ》のように、はっきりと父系の方向性をもった諸制度があるにもかかわらず、琉球諸島の宗教生活は女性の管轄下にある。私が訪れたとき、久高島では三百人の住民のうち、女性祭祀者ノロは五十六人もいて、階級に序列化されていた。ピラミッドの頂点には、主要な二人のノロがいて、一人は東、一人は西を分担して、他のノロたちを管理する。下のノロたちは、序列に応じた数の家庭を担当し、その家庭の精神的安寧に責任を持つ。この組織は、理念としては兄弟と姉妹のつながりの上に成り立っており、世俗の権威を持っている。姉もしくは妹は神々とのあいだに保っている接触によって、男兄弟とその家族に霊的な保護を与えるが、呪いをかけることもできる。しかしながら、さまざまな位階のこうしたノロたちを、日がな一日訪ね歩いて、彼女らがその力と役割を、ある時は母親から、ある時は義母から受け継いでいることがわかった。ある家庭、あるいは縁者の家庭の集まりのノロは、姉妹の一人、姉妹の娘、娘、息子の妻のいずれかである。母系か父系の女性であるか、他のある血縁集団の女性であるかということになる。三十年前、馬淵〔東一〕はそのことをすでに記している。土地の考え方では、超自然的なものと関わる特権は女性であることそのものに与えられていて、特定の家柄の女性に与えられるのではないように思われる。

ノロの宗教的機能は、現実の利害をまったく離れたものではないように見える。原則として男の兄弟が、さもなければ同居している一人か複数の男性が事実上、彼女の身元を引き受ける。引き潮のとき岩場で獲れる小魚や雲丹《うに》や貝類は、大切な栄養源である。島の人たちが岩場漁に示す熱心さは、太平洋をはさんだ対岸にあたるカナダ沿岸部のインディアンのことわざ「海が引き潮になると、食卓の準備が整う」を思い起こさせる。けれども、二年に一度行われる大海蛇《おおうみへび》の漁の儀礼を司るのは、ノロだ。漁はひどく危険だが、その肉はたいそう珍重されている。肉の値段は、水増ししてつけられているように思われる。おそらくノロが、そこで利益を得ているのであろう。いずれにせよ、何人かの位の高いノロは、住民の平均に比べて裕福であり、自分の富をひけらかすのを軽蔑すべきことと思っていない。

とはいえ、祭祀の執行は慎ましく、ひなびたものだ。伊平屋と伊是名では、人里離れた林のなか、あるいは村のはずれ、時として近代的な住居の中庭に、私たちはアシャゲを求めて行った。アシャゲは、正方形あるいは長方形の小屋で、木の幹あるいは枝の束の骨組みが、ほとんど地面まで下がっている急勾配の藁葺《わらぶ》き屋根を支えている。中に入るとすれば、身体を二つ折りにしなければならないだろうが、入れるのはノロに限られている。信者たちの視界からは消えたノロが神々と交信するのは、この場においてなのである。

ノロはほとんどが高齢で、おのずと具わった品位によって、厳かさ、つまり一切の傲慢さを感じさせない威厳を漂わせる。彼女たちを見たり、彼女たちと言葉を交わすと、彼女たち自身にとっても他の人たちにとっても、ノロが超自然的な力と通じ合うことは、ごく普通の、いわば当たり前のことだという印象を受ける。しかしながら、彼女たちは村の男性に、敬意以上のものを抱かせる。ごく幼いときから村の男性は、自分たちが祭礼に参加できないことを知っている。祭礼は、彼らの健康と繁栄のために、彼らの母や姉妹や娘や妻が毎月（儀礼を行わない十月を除いて）、人目を避けた場所で執り行う。そこから彼女たちが持ち帰る儀礼食の残りも、家の男たちは年齢にかかわりなく、食べる権利がない。

時として、男性が祭職につくこともある。同じムンチュウのなかで、兄弟が姉妹の助手になる場合、あるいはまた、ノロによって若者が海蛇の漁に指名された場合などがそうだ。しかし、島の全面に広がる祭壇や聖地の作り出す迷路のなかで——久高の船着場に面して大きな掲示板が、訪れる人たちに、一つの小石を移動させることも冒瀆《ぼうとく》行為であると警告している——、私たちを案内してくれた老いた男性司祭は、不思議な怖れをこめて、数年間隔で女性のイニシエーションの儀礼が行われる聖なる森への入口を私たちに示した。彼は、そこに足を踏み入れようとはしなかった。

同じ老人が私たちを、風が吹きすさぶ海岸に連れて行った。島の東端にあたるその海辺が、沖縄諸島の住民の先祖である女神、アマミキョが出現したところであり、南海岸は、五穀の種子を持った聖なる使者たちが現れ、最初の耕地が作られたところだ。これらの聖地には、来訪者の注意を惹《ひ》くようなものは何もない。ただ、どの岩穴にも、線香の束や、珊瑚が差し込んである。珊瑚は引き波に転がされているもののなかから、形の整ったものを砂浜に集めて選んだのである。ただそれだけの、何と素朴な供え物が、この急ごしらえの祭壇を飾っていることか。いつか海岸を潮が満たしてしまうことがあれば、未来の考古学者たちは、発掘の途中でこれを見つけ、私が好奇心をもって観察した、よく磨かれた小石の堆積が一体何なのかと考えるだろう。小石は各家庭の男性を守るために、ノロが二月に海岸に来て拾い（男性一人あたり三個ずつ）、十二月に海岸に戻しに来る。小石が持つこの護符の役割に、未来の考古学者はどうやって気づくだろうか。風に吹かれた砂は、これらの小石をすぐに覆ってしまうだろうから。

そこから遠くないところにある古い貝塚の跡を、案内人は、さしたる関心もなさそうに私たちに示した。彼の説明によると、女神が初めて摂った食事の残りだとのこと。私が、神々がもたらした穀物の種をまず蒔《ま》いたのはどこかと尋ねると、彼は私たちを海岸から数百メートル入ったところにある、小さな原初の畑「ミフダ」に連れて行ってくれた。石の祭壇があって、それとわかるようになっている。その近くに女神が籠もって眠ったという穴がある。こうしたことはすべて、親しみのある会話の口調で語られた。案内人にとっては、これらの出来事は、明らかな事実なのだ。神話の時代に起こったのではなく、つい最近のことなのだ。今日、そして明日のことでさえある。ここに足跡をしるした神々は、毎年ここに戻って来るのだから。そして島全体で儀礼や聖地が、神々が現実に存在することを証明している。

口きけぬ王子の叫び

以上が長々しい前置きである。私はこれを省くことができなかった。ある出来事が私に引き起こした驚きを、いくぶんなりとも読者と分かち合うためには、その雰囲気を再現し、背景をざっと描く必要があったのだ。

およそ千五百人が暮らしている伊平屋島には、フランスでは二万人の住民がいる町でも到底望みえないような、文化会館と呼ぶべきものがある。広々として、高度の視聴覚設備をそなえ、その上、日本のすべての公共施設と同様、白い手袋をはめた女性用務員によって、塵ひとつない清潔さに保たれている。私たちは、島に二つある宿舎の一つに、港湾労働者とともに宿泊していた。ある晩、文化会館から電話があり、毎年の儀式で歌う神聖な歌の予行練習に来ないかと誘われた(儀式の映像は練習が終わってから、ビデオに録画したものを見せてもらった)。私たちが着いたとき、まだほとんどの人が来ていなかった。それというのも、歌い手たちは皆、漁業か農業にたずさわっていて、一日の仕事が終わってからでないと来られないということだった。彼らは一人また一人と現れた。六、七人の男と女はめいめいこの地方の伝統的楽器である、蛇の皮を台に張った「シャミセン」[1]を手にしていた。徐々に、歌が昂揚していった。私は耳元で歌詞を翻訳してもらった。歌の一つは、生まれつき口のきけない王子の伝説だった。彼は長子だったが、口がきけないことを理由に、父王は弟のほうに王座を継がせることを決めていた。王子の人柄を深く愛していた廷臣の一人が、主人が蔑ろにされるのを悲しみ、自殺しようとした。廷臣が最期の行為を遂げようとした瞬間、王子は突然言葉を取り戻し、「やめろ！」と叫んだ。回復した王子は、父の跡を継いだ。

異郷の田舎人《いなかうど》が、荘重な緩やかさの、ゆったりとした旋律で、何度も繰り返し歌うこの物語を聞いて、私は衝撃を受けた。記憶がにわかにつながって、この物語がヘロドトスの語るクロイソスの挿話（『歴史』I、三八—三九、八五）に似ていることに気づいたのだ。

クロイソスも二人の息子を持っていた。その一人は、生まれつき耳が聞こえず、口がきけなかった。この息子は、クロイソスにとっては「いないも同然だった」。もう一人を、クロイソスは「たった一人の子」と見なしていたが、彼はこの子を失う。障害を別にすれば、生き残った息子は「あらゆる点で、極めて恵まれていた」。ところで、ある戦いのとき、「城が占領される際、一人のペルシャ兵がクロイソスを別人と見誤り、彼を殺そうとして近づいてきた。……ところが例の口のきけぬ子どもが、そのペルシャ人が迫ってくるのを見ると、恐怖と悲しみのあまり声を発して、「おい、クロイソスを殺してくれるな」と言った。その子どもはこの時はじめて口をきいたのであったが、それ以来というものは一生涯ずっと言葉を話した(1)」。弟の死と彼自身の回復のために、この息子は、父が王位を保ちえたならば、その継承者として二重の意味で適格だったのだ。

これはギリシャの伝説と日本の伝説のあいだの、偶然の類似によるのであろうか。これが唯一の類似例でないだけに、偶然の類似という仮説は説得力を失う。たしかに、百合若という主人公の名も、細部に至るまでの筋立てもユリシーズと『オデュッセイア』に似た、日本の物語を取り扱うのには、慎重を要する。百合若の物語は、日本では十七世紀初めに確認されており（西洋で『オデュッセイア』が本当に知られるようになったのは十六世紀後半であるから、それから極めて短い時間しか経っていない）、ポルトガル人の商人や、スペイン人のイエズス会宣教師が伝えた話に想を得た可能性がある。[2][2] だが、だからといって忘れてはならないのは、弓術の試合で終わる主人公の冒険は、アジア起源の主題の一つだということだ。それは『オデュッセイア』の文章にも明記されているように、ユリシーズの弓が合成弓であることからも確認できる。[3] したがって、問題は未解決のままだ。

それに対して、ミダス王の話が、中世、おそらくはそれよりもかなり前から、極東ですでによく知られていたことは、ほとんど疑いえない。十一世紀か十二世紀に書かれた筆者不詳の日本の歴史書『大鏡』には、珍奇な話を広められないことに息が詰まったために「昔の人は物言はまほしくなれば、穴を掘りては言ひ入れ侍りけめとおぼえ侍り」という一節が見られる。[4] 十三世紀のものだが、古い時代に遡る多くの要素を含んでいる朝鮮のある年代記[5]は、オウィディウスよりもさらに装飾的な文体で、[3] 八六一年から八七五年に在位した景文王が、ミダス王と同じ運命をたどったことを物語っている。

「ある朝、目が覚めてみると、王は自分の耳が驢馬の耳のように長く、毛深くなっていることに気づいた。（中略）王はしかたなくターバンのようなもので頭を包み、この秘密を、王の頭にターバンを巻いた理髪師以外の誰にも知られないようにした。理髪師には、厳重に口止めをした。

理髪師は、王に極めて忠実ではあったが、奇妙で前代未聞のこの話を、誰にも伝えられないことに煩悶した。彼はそのために病気になり、慶州の郊外にある道林寺に治療に行った。ある日、一人で、介護人もいないとき、彼は寺の後ろにある庭に行った。（中略）誰からも聞かれないのを確かめてから、彼は急いで竹藪のなかに入り込み、あらん限りの声で何度も叫んだ。「私の王さまは、驢馬の耳をしている！」こうして、平静を取り戻すと、彼は死んだ。

けれどもそれ以来、竹藪に風が吹くと、「私の王さまは、驢馬の耳をしている！」と言っているように聞こえた。王はそれを知って、竹を伐らせ、そのあとに椰子を植えさせた。しかしそれも無駄骨折りだった。文言は短くなったものの、風に揺れる椰子は、同じような音をたてた。寺が廃墟になると、慶州の人々はそこに、新しく芽を吹いた椰子や竹の若芽を取りに行った。そしてそれを家の庭に植えて、歌を聞いて楽しんだ」

ミダス王の物語の地方版は、モンゴルやチベットの民間伝承のなかにいくらでも見つかる。[6] それが朝鮮や日本まで行ったとしても、何の不思議もない。クロイソスの話が沖縄諸島にあることも、驚くにはあたらないのだ。古代ギリシャやヘレニズムの要素を豊かに取り入れた仏教は、ギリシャ起源の主題を極東にもたらすことができた。主人公の祖国が一方はリュディア、もう一方はフリュギアであったとしても、それは二つの物語がアジアに起源をもつこと、そこから二つの方向に旅をしたのであろうということを示しているに過ぎない。

原注

（1）*Histoire*, Les Belles Lettres, traduit par Ph.-E. Legrand, vol. I, p. 52, 86.〔引用部分の和訳は、ヘロドトス（松平千秋訳）『歴史』上、岩波文庫、二〇〇七年、四〇頁、七九〜八〇頁に拠った。ただし一部、表現を改めた〕

（2）E. L. Hibbard, « The Ulysses Motif in Japanese Literature », *Journal of American Folklore*, vol. 59, n°. 233, 1946.

（3）H. L. Lorimer, *Homer and the Monuments*, Londres, Macmillan, 1950, p. 298-300, 493-494.

（4）*Okagami. The Great Mirror, A Study and Translation*, by Helen C. McCullough, Princeton, Princeton University Press, 1980, p. 65.

（5）Ilyon, *Samguk Yusa. Legends and History of the Three Kingdoms of Ancient Korea*. traduit par Ha Tae-Hung et Grafton K. Mintz, Séoul, Yonsei University Press, 1972, p. 125-126.

（6）R.-A. Stein, *Recherches sur l'épopée et le barde au Tibet*, Paris, PUF, 1959, p. 381-383, 411-412.

訳注

〔1〕元来の呼称は三線《さんしん》だが、近来では三味線《しゃみせん》とも言う。蛇皮線《じゃびせん》は本土での俗称。

〔2〕この問題について、日本では坪内逍遥の指摘（一九〇六年）以来、多くの研究がなされてきた。井上章一（『南蛮幻想――ユリシーズ伝説と安土城』文藝春秋、一九九八年）は、百合若の由来についての日本人による研究の、網羅的で綿密な検討を行っている。他方、沖縄本島より遥かに南方の、台湾に近い宮古列島西方の離れ小島水納《みんな》島に、百合若大臣「ユリワカデーズ」の伝説と、使いに飛んで来て死んだ鷹を埋葬した鳥塚があることが、沖縄国際大学の遠藤庄治教授によって報告されている。

〔3〕漢文で書かれた原著『三国遺事』のこのくだりは、六十六文字の簡潔なもので（王の耳が驢馬の耳のように長くなったこと、それを知っている唯一人の理髪師は口止めをされて苦しみ、寺の裏の竹藪で「王様の耳は驢馬の耳」と大声で叫び、死ぬが、風が吹くと竹がそれを繰り返したことは、述べられてい

る)、「装飾的な」長い物語にしたのは英訳者たちであることを、直接原著を参照してくださった朝鮮研究の専門家伊藤亜人さんに教えていただいた。

仙厓　世界を甘受する芸術

仙厓《せんがい》の芸術は、アンドレ・マルローも認めていたように、それを見る西洋人を当惑させる。「どんな極東の芸術も――とマルローは言う――これほど我々の芸術から、そして我々から遠いものはない」。

仙厓が絵の余白に書き込んだ言葉の意味が明らかにされるたびに、私たちは少しだが、この誤解の理由がよりよく理解できる。なぜなら、それらが意味するものとそれらの字体によって、余白の言葉は、主題と同じくらいの重要性をもっているからである。しばしば詩の形をとるこれらの短い文章の、含蓄ある引用、おどけた仄《ほの》めかし、言外の意味がわからないために、私たちは不十分な形でしか作品を理解できないのだ。

だがある意味では、このことは書と切り離すことのできないあらゆる極東の絵画について言える。それは、ほとんどいつも書のための空間が設けられているからだけではない。そこに表現されている一つ一つのもの――樹木、岩、水の流れ、家、小径、山――は、知覚できる外見だけでなく哲学的な意味を持っていて、画家は構成された全体のなかにそれを描き、しかるべき位置に置くのだ。

書に限っても、翻訳者がどれだけ努力しても俳諧《はいかい》という詩――たとえば仙厓が親近感を抱いていた芭蕉《ばしょう》の俳諧――の本質に私たちが到達できないことは明らかである。字義通りの意味だけは私たちにも理解できるが、同じ考えを表現するために、他の文字ではなく、ある文字を選択すること、書体（手引書によれば少なくとも五種類ある）、そして紙の上の言葉の配置も、それに劣らず重要である。まして仙厓は、曲がりくねった線、大胆な単純化、すばやく無造作な筆遣いによって、絵と字の区別をなくしているのだから。このことについては後述しよう。

西洋人の愛好者にとって、一つの問題が、ともかく残る。日本の芸術が私たちに感銘を与えたのは、まずその純粋さ、優美さ、簡素さ、厳格さによってだ。それゆえ──一例を挙げるにとどめるならば──仙厓が、清長《きよなが》、歌麿《うたまろ》、そして栄之《えいし》という、優雅さと女性美を表現した画家とまさしく同時代人だったという事実から、私たちは同じ時代そして同じ国で、互いに著しく隔たった表現形式が共存していたことについて、思いめぐらさざるをえない。おそらくこれらの表現形式は、十一世紀から十二世紀の絵巻物に、遠い共通の起源をもっているのかもしれない。そこでは日本が固有のものとして恵まれている、簡潔さ、最小のもので最大のことを言おうとする術《すべ》がはっきりと表れている。仙厓の芸術について判断を下すためには、同時にそれを別の角度からも見る必要がある。

第一のものは、ただちに明らかだが、だからといって表面的とは言えないもので、遊びへの嗜好と言えるだろうか。そこに私は、日本精神を構成している要素の一つを見る。私は、パチンコ、ゴルフ、カラオケといった、現代の流行だけを考えているのではない。かといって、平安時代から宮廷生活や物語文学であのように大きな位置を占めた、座の遊芸についてだけでもない。じつは、発明者の創意工夫が現れている愉快な玩具やその他のものについて考えているのである。

しばしば、日本で私は、ひどく真面目そうな銀行家や実業家までが、たわいない玩具に魅了されていることに驚いた。ヨーロッパで同じような立場の人は、そういうものに無関心か、無関心を装うだろう。それゆえ私は日本で、あるしかるべき地位の人が初めて私を訪ねて来たとき、鄭《てい》重《ちょう》な挨拶とともに籠に入った鳥の人形を手渡してくれたとき、驚くどころか、むしろ嬉しかった。この鳥は、人が前を通って、台に仕込まれた電池によって発生する光線をさえぎるたびに、囀《さえず》るのだ。

おそらくこの遊び心のおかげで、日本は小型電子機器の分野で、すべての競争相手に勝ったのではないだろうか。それはまた、都市のあちこちに極めて多くの様式が混淆《こんこう》した建造物が作られる理由かもしれない。

グラフィック・アートの領域で、この遊びへの嗜好は極めて早い時代、十二世紀の画家でもあった僧侶鳥羽僧正〔作ともいわれる〕の有名な絵巻〔鳥獣人物戯画〕に現れている。動物たちを風刺的に描いたこの作品は一つの伝統を作り上げ、この伝統を、仙厓の存命中に、北斎が継承している。その二十年ないし三十年後に、国芳《くによし》が人間や動物を描いた風刺的な版画に、さらにその反映が見られる。

たしかに、この古い時代の絵描きにおけるあのように奔放な想像力は、仙厓に見られる宗教的精神からではなく、社会風刺の精神から着想されたように思われる。だが、境界線を引くことは容易ではない。鳥羽〔覚猷《かくゆう》〕は僧侶だったのだ。また十七世紀の終わりに、たいへんな人気を博した大画家尾形光琳《おがたこうりん》は、鮮やかで諧謔《かいぎゃく》に満ちた作品を制作していたが、協力者だった弟の尾形乾山《けんざん》が禅の信徒だったことを忘れることはできない。つながりを明らかにするためには、さらに深く掘り下げなければならない。

二項対立から脱却する

禅宗に帰依していたことから、仙厓は茶道の宗匠《そうしょう》たちの精神的系譜のなかに身を置いていた。茶道の宗匠たちはすでに十六世紀から、非常に粗けずりで質素な道具、村の陶工がその場で作る貧しい農民のための飯茶碗を、中国や朝鮮で探し求めていた。手仕事としての技巧も、茶道の宗匠たちの目にかなうようにという審美上の意図もなしに作られていたことが、本物の芸術作品だった場合以上の値打ちを、それらの茶碗に与えたのである。かくして、ごつごつした素材や不規則な形に対する嗜好が生まれ、ある茶の宗匠が「不完全の芸術」という一語で名づけたものが一派をなすことになった。この点において日本人は「素朴主義《プリミティヴィスム》」の真の発明者なのである。西洋は、これを数世紀後に——意味深いことに日本趣味《ジャポニスム》の段階を経て——アフリカ、オセアニアの美術や、民衆美術、人手の加わらない美術、また別の角度からのレディ・メイド美術……などを通して再発見する。

しかしながらそれは、茶道の宗匠たちにとっては、西洋の耽美主義者のように、在来の決まりごとのもとに創造的行為の自由を見出すことではない。陳腐さに陥った手腕や技量を超えた表現方法を創り出す楽焼が目ざすように。ここでは意図的に変形したり、不完全さを過度に意識して探究したりする。これに比較できるものとしては、西洋にはグラフィック・アートの領域でモノタイプがある。けれども、一切の二項対立を超えて、美と醜の対立がもはや意味をもたなくなるような状態に達することなのである。それは仏教で「如是」(ainsite) と呼ばれている。どんな区別よりも先にあって、是《かく》の如くに (ainsi) あるという事実による以外、定義できないものなのである。

この陶器の哲学を、当時陶芸や陶器の装飾を行っていた仙厓を語る上で引き合いに出しても、不当ではないだろう。なぜなら、彼は同様に画家としても、醜さを消し去ることで美に到達しようとは考えなかったからだ。「洗練と粗野を区分けしてはならない」と、六世紀に中国の禅宗の長老は言っている、「選択する必要はないのだから」。どんな制約にも規則にもこだわらず、無造作と優雅が混じり合う、この心のままの書画のうちに、戯画に似た何かを感じとるのは誤りであろう。戯画は現実を意図的に誇張し変形するが、仙厓の作品のような芸術は、現実と一つの行為との予期せぬ出逢いの結果なのだから。作品は、モデルを模倣しない。作品は、二つのはかない現象、すなわち一つの形、一つの表現あるいは一つの態度、そして筆に与えられた勢いとの融合であると言ったほうがよいかもしれない。禅画は独自のやり方で、仏教思想の精髄を表現している。それは存在と物に一切の永続性を認めず、存在と非存在、生と死、空虚と充実、自己と他者、美と醜の区別が消える境地に悟りによって到達しようとするものだ。そして同じ原理の名のもとに、この状態に到達するにはあらゆる方法が有効であり、禅は、世を超越する瞑想、地口、愚弄のあいだに、まったく価値の上下を認めていない。

それゆえ、宗教画家にとって滑稽な物事は、少しも意外なものではない。禅文学には、禅画が喚起するのと同じような、滑稽な小話がたくさんある。ある盲人が提灯で夜の闇を照らしながら歩いているのを、人がいぶかしく思う。「人が私にぶつからないためだ」と、盲人は説明する。にもかかわらず、彼は人にぶつかる。提灯が消えていたと教えられて、盲人は灯《とも》し直す。またぶつかって、盲人は相手をなじる。「でも、私は目が見えないのだよ」と、相手は答える。

この小話が喚起する笑いは、二つの意味場が短絡することから生じている。盲目であることが、言葉としての意味から、機能としての意味に突然変わるのだ。そこから知的ゆさぶりが生まれ、聴く者を悟りの道に向かわせる。経験的なもののありようは我々を矛盾の内に閉じ込め、用心を重ねればその矛盾から逃れられると信じても無駄であることを理解させるのである。

このひねりのきいた教育法の起源は古い。禅宗は、これが釈迦の時代に始まったとしている。弟子たちの一人の問いに対する答えのすべてとして、釈迦は彼らに不可解な一つの身振りを示し、それをめぐって弟子たちはひたすら思索するのである。おそらく、言葉遊びや同形異義語を体系的に使用する、サンスクリット文学の果たす役割も考慮すべきだろう。多義性は、現象間の経験的な結びつきを断つことを強いて、感覚を超えた現実へと導くからである。この方法をさらに徹底しているのは道教である。社会通念を見下《みくだ》すことが特徴で、仏教と同様あらゆる形の二元論を排除して、庶民の心に深く根をおろしている。

これらの出会いから中国では、インドの瞑想の行である「ディヤーナ」に由来する禅《チャン》が生まれた。そして十二世紀に、中国を訪れた僧たちによって禅《ぜん》は日本にもたらされた。僧たちは同時に、中国から単彩の水墨画の技法も伝え、これは知識層に流行した。

仙厓も、この系譜のなかに位置づけられる。インドでは、瞑想を行う仏教の大師が二十七代引きつがれていた。六世紀に第二十八祖だったボディダルマ（日本語では達磨）が、それを中国にもたらした。それから六百年ののち、日本人の僧栄西（さらに六百年後に、仙厓がその後継者となる）が、禅を九州北部に根づかせた。

周知のように、全体として禅は、伝統や教義や経典に価値を認めない。「経典を読むのは、箒で掃いてほこりを立てまいとするのと同じくらい、虚しいことだ」と、仙厓は画の一つに記している。大切なのは、内なる生命と瞑想の訓練だけなのである。その実践において、臨済宗（仙厓が属していた）は極端な方法を用いる。師弟の意思疎通は、言葉にならない叫びと、意味のない間投詞と、粗暴な行為だけによってなされる。棒や拳で殴ることで、弟子の心的均衡を破り、精神の混沌に投げ込むのだ。その混沌から、ちょうど制動装置がはずされたように、霊感が迸《ほとばし》ることもあるのだ。

仙厓の多くの画に、答え、あるいは答えの拒否が書かれていて、これらは今も有名である。例えば「犬も、仏性《ぶっしょう》を持っているか」という弟子の問いに対して、師は単音節によって表現された拒絶しか返さない。これは、一方で生きものが、他方で仏性が存在するという二元性を、仏教が認めないことを意味している。掃除しながら仏陀を観想しても侮辱することにならないかと問う弟子に対しては、師は、掃くという行為はすべての手仕事と同様、非常に宗教的である、仏陀は我々に見えるすべてのものにいるのだから、埃《ほこり》のなかにも存在するということを遠回しに理解させるのである。

特に臨済宗は、矛盾する表現の質問ないし謎の問いである「公案」を、必ず用いる。古典的な例を挙げよう。「片手で拍手すると、どのような音がするか」。これは、精神を袋小路に閉じ込め、合理的思考外の次元に出口を求めざるをえなくする。何週間、何か月ものあいだ、弟子はこの（臨済宗の特色の一つである）「看話禅《かんな》」に専念し、見つけることのできない意味について、精根尽きるまで考えなければならない。これは知的暴力に身をさらすことだが、見方をかえれば、身体や言葉の暴力――弟子はこれにも晒《さら》される――に通じる。

話は脇にそれるが、フランスの大学の伝統でも、「公案」がまったく知られていないわけではない。のちに有名な作家になった学生が、ある選抜試験を受けたとき、試験官が出し抜けに質問した。「誰が、何を、どこで、いつ、おこなったか」。学生はあわてることなく一気に答えた。「四一〇年に、アラリックはローマを占領し、掠奪した」。彼は見事に合格した。それより十三世紀前、中国で禅の六代目の長老がほとんど同じ表現で「公案」を作った。「これは何か」と、出し抜けに彼は弟子に問いかけた。弟子は「これ、これって何だ」と言い返し、布教の資格を得た。

この小さなたとえ話は、西洋の精神と仏教との相違を、よく示している。自己の本性を探求する前者にとっては、答えることができない、あるいは答えを見つけるべきでない問いは存在しない。科学的精神の萌芽が、そこにはある。この思い上がりに、仏教はその知恵を対抗させる。いかなる問いも、答えを受けることはかなわないであろう。なぜなら、問いの一つ一つが他のもう一つの問いを呼び、何ものもそれ自体の本性をもたず、世界の現実と思われているものは仮そめのものであり、次々に起こり、互いに入り混じっているので、一つの定義の網のなかに捉えることはできないのだから。

仙厓の一枚の絵も、完成されたものということはできない。各々の絵は、筆がその軌跡を描くのに費やした束の間を表現している。作品は、空間の形である以上に、時間の形をしている。それほどに固定性がないが、仙厓はそのことをよく知っていて、同一の主題を何度も繰り返している。仙厓にあっては、孤立した作品は事実上存在せず、あるのは連作だ。仏教において、個々の物体や生きものの外見上の個別性が、物理的、生物的あるいは心的な現象の一連《ひとつら》なり（サムターナ）に、仮そめの形で融合しながら、継起し、混じり合い、あるいは反復しているように。このような芸術にあっては、西洋におけるような意味での、物体としての絵《タブロー》は存在しない。それは、出現しては別の絵――それも同様に仮そめのものだ――の後ろに消えて行く何かなのである。

芸術作品のこのような考え方を、西洋の創造的な身振りを優先する考え方と比較しようとする人もあるだろう。実際は、それは逆だ。抽象画家、特に「叙情的」なジャンルの画家は、作品のなかに自分の個性を表現しようと努める。だが禅僧は、世界の何かが彼を通して表現されるような、非実体的な場を求めているのだから。

私はすでに、書の重要性を強調したが、それは書かれている内容の価値のためだけではない。書は、仙厓の作品を構成する一部分なのだ。一本の柳が描かれた絵のなかに、「堪《た》え忍ぶこと」を意味する二文字、初めの文字「堪」は、黒々と肉厚で、風の激しさを表しているように見える。二字目の「忍」は、より明るく軽い筆致で樹のしなやかさを表し、文字の下の部分が、枝の動きとよく合っている。丸と三角と四角で表現された有名な宇宙の表象では、縦書きの文字が、三つの形が作る水平方向のひとかたまりと均衡を保つのに、欠くことのできない役割を果たしている。

こうして全体が、共時性の内に実現させているのは、総体が直交するこの効果だ。それは、丸から四角まで図形が描かれた順に、右から左へ画面を読むことによって、より間接的に生じているものだ。他の絵では、図像と文字とは、相呼応する二つの部分となっている。例えば、文字に書かれたことの暗示によって初めて、薬罐《やかん》の絵が、酒好きの鬼である酒呑《しゅてん》童子を薬入りの酒で眠らせた伝説とつながるのである。仙厓が詩人芭蕉に捧げた一連の作品は、イメージと文字の弁証法的な戯れを、並外れた繊細さで表現している。なぜなら、文が芭蕉を、彼の最も有名な俳句に登場する蛙に、つまり作者が作り出したものを作者に置きかえるのに対して、絵は芭蕉をバナナの木（俳人の名とこの植物は同じものだ）として形で表現しているからだ。絵と文は切り離せない。隠喩と換喩という響きによって互いに呼応し合っている。

すばやく描かれ、一見粗雑な仕上がりに見えるこれらの素描には、他にも注目すべき側面がある。それは資料的な正確さだ。線はどれほど簡略であっても、何の欠落もなく、描かれた線は常に意味を帯びている。神々は、それぞれの「しるし」によって認知できる。地蔵は錫杖《しゃくじょう》を手にしており、不動明王は特徴的な結髪、そしてお決まりの天地眼《てんちげん》で、犬歯をむき出している。ごくわずかしか描かれていないが、岩屋から太陽の女神を連れ出した神々の仮面は現在も、その場面が演じられたという伝説のある場所で、九州の村人たちが着けて演じている。また梅の木は、ただ菅原道真の袖を飾っているだけではない。花盛りの木は、道真の身体に貼り付いている。左遷され、誇りにしていた庭から去らねばならなかった、悲しみにくれる大臣のもとに、梅の木が呪法によって飛んできたことを、よりよく示すかのように。

タッグと書

現代の非具象派のある種の画家の芸術が、それを顕彰する意味で「書《カリグラフィー》」と呼ばれることがあるが、これは言葉の濫用だ。彼らが生産する疑似記号は、芸術家が再使用する前には、固有の意味をもっていない（現代のフランスで、書家と呼ばれるに値しうるのは、壁や地下鉄の車両に描かれ、わかる人だけが判読できる、いわゆる「タッグ」の作者たちだけではないだろうか）。すでに社会的な意味で存在していた文字記号のあるものが、書家の手を経ることによって、独自の存在となるのだ。「五本の筆をもつ僧」と呼ばれる書の偉大な師、弘法大師の伝説でも、文字が生きものになる話がある。

西洋の叙情的抽象は、疑似記号を用いて自己を客体化したつもりでいる。自己に生気を与える動きは遠心的だ。書にとっても禅画にとっても、自己は記号が表現される手段であり、付随して書き手の個性が引き出されるのだ。

このような遠心と求心の対立は、西洋と日本を比較するとき、他の領域でも出会う。これは、主語を終わりに置く日本語の構造から、鋸や鉋《かんな》の使い方、陶工の轆轤《ろくろ》の回し方、針への糸の通し方、縫い方などの手仕事まで多岐にわたり、日本の職人は、西洋の職人とは逆の動きを好むのだ〔1〕。日本の心を最も典型的に表すものの一つである禅画も、この性格をはっきりと示している。

禅画はまた、異なる道をたどってではあるが、日本人の生活の具体的現実にも通じている。禅が、英知に至るべき瞑想の実践で、この英知が外見上の世界から脱却することだとすれば、その最終段階で、その英知は自身も他の幻想に囚われていて、自分を疑うべきであると気づくはずだ。ところが、己を疑う知は、もはや一つの知ではない。どんなことも認識できないという、この至高の認識に到達すれば、賢者は解放される。何ものにも意味はないと知ることと、すべてに意味があるかのように、普通の人間として同時代の人々と人生を分かち合うこととは、彼にとっては同じことになる。これが彼が到達した境地である。

そのため、仙厓の作品には親しみやすく、気さくな側面もある。世界を縮小した劇場さながら、彼の作品は緻密な絵であり、民族学者にとっては貴重な、彼の時代の日本の生活と社会を見せてくれる。すべてが、そこにはある。仏教の偉人から、禅の物語に登場する高僧、伝説の英雄、古い言い伝えの登場人物、そして日常生活の光景や地方の風景、さまざまな職業――物乞いや娼婦も含めて――、動物、植物、農作業、家庭用品……。彼の世俗的テーマの着想は、北斎漫画を思わせる――同じように豊かで、多様で、精彩に溢れている。さらにあえて言えば、領域も、時代も場所も違っているにもかかわらず、その広がりと鋭さにおいて、モンテーニュの『随想録』が仙厓の作品――書かれているだけでなく描かれてもいるが――に比せられる。モンテーニュの思想は、おそらく西洋において仏教との接点が最も多いからだ。

この二つの教えの類似から、旧大陸の両極端で異なる時代に生まれた教えが、普遍的性格をもっていることがわかる。二つの教えはともに、見せかけを拒むこと、あらゆる信仰を疑うこと、最終的真実への到達をあきらめることを勧める。そして同胞に交じって穏やかに生き、小さな歓びを分かち合い、悲しみに共感し、世界に順応するために、賢者に最もふさわしい状態を探し求めよと励ますのだ。

訳注

〔1〕日本人の慣行についてのこのような初歩的誤認は、著者レヴィ＝ストロースが十九世紀のイギリス人チェンバレンの『日本事物誌』2（高梨健吉訳、平凡社東洋文庫、一九六九年）二七一〜二七三頁「あべこべ」（Topsy-turvydum）の記述と、著者自身の日本での限られた見聞を過度に一般化していることに由来している。本書「異様を手なずける」の訳注〔3〕（一〇八頁）や、「川田順造との対話」の一四三〜一四四頁などを参照。

異様を手なずける

——いちばん反対のものどうしがいちばん友となる（プラトン『リュシス』二一五E[1]）

西洋は日本を、二度発見した。十六世紀半ば、ポルトガルの商人たちについて来たイエズス会士たちが、日本に入り込んだとき（けれども彼らは次の世紀には追放された）。そして三百年のちに、日の昇る国を、海外との通商に開かせるために合衆国が仕掛けた、海軍の行動によって。

初めの発見のとき、ルイス・フロイス神父が主要人物の一人だった。同様の役割を二度目に演じたのは、イギリス人のバジル・ホール・チェンバレンだ。今日フロイスはチェンバレンの先駆者と考えられている。一八五〇年生まれのチェンバレンは、日本を訪れて定住し、東京大学の教授になった。一八九〇年に刊行された著書の一つ『日本事物誌』は、辞書の形式をとっているが、そのTの項目にある«Topsy-turvydom»「あべこべ[2]」は、「ヨーロッパ人が自然で当然であると考えているものと全く逆なやり方で、日本人は多くの物事をやる」という考えを展開している。

例えば日本の女性は、針に糸を通すのではなく、糸に針を通す。また、着物の上で針を走らせるのではなくて、針をじっと持ったままで、着物を走らせる[3]。

考古学調査で最近発掘された土の焼物からは、日本人がすでに六世紀に、我々の習慣とは反対に、右側から馬に乗っていたことがわかる。今日でも、日本を訪れる外国人は、日本の建具師が、我々のように鋸を向こうへ押しながら切るのではなく、手前に引きながら切るのを見て驚く。またフランス語ではその名の通り、プラヌ[4]と呼ばれる両柄の鉋《かんな》（木を平らにしたり薄くしたりする）も、同じように引いて使う。日本では陶工は、ヨーロッパや中国と異なって、轆轤《ろくろ》を左足で蹴って逆の方向に回す。

これらの慣習――イエズス会の宣教師たちが、すでにそれに気づいていたが――は、日本とヨーロッパだけの違いを示すのではない。境界線は日本列島と大陸アジアのあいだを通っているからである。日本は、他の極めて多くの要素と同様、押して切る汎用鋸も、中国から取り入れた。だが、十四世紀にはすでに、日本で発明された引いて切る鋸が、中国式鋸を追い出していた。そして十六世紀に中国からもたらされた前方に押す鉋は、百年後には自分の方に引いて使う型のものに、取って代わられた。

これらの例の多くには、簡単にだがチェンバレンが言及している。チェンバレンの死後十一年[5]経って発見されたフロイスの『日欧文化比較』をチェンバレンが知ることができていたならば、ところどころ彼と同じものもあるが、より数も多く、すべてが同様の結論を導くその観察に魅了されていただろう。

チェンバレンとフロイスは、紀元前五世紀にヘロドトスが、日本と同じくらい謎に包まれたエジプトという国について語ったのと同じ表現方法で、自分たちが日本について述べていたことには、思い至らなかったであろう。例えば、このギリシャ人の旅人ヘロドトスは、「エジプト人は、……ほとんどあらゆる点で他民族とは正反対の風俗習慣をもつようになった。例えば女は市場へ出て商いをするのに、男は家にいて機織をする。機を織るにも他国では緯《よこいと》を下から上へ押し上げて織るのに、エジプト人は上から下へ押す。……小便を女は立ってし、男はしゃがんでする」[6]などと書いている。事例をこれ以上挙げないが、三人の筆者に共通する物の見方が、はっきり表れている。

彼らが列挙する違いは、つねに相反するものであるとは限らない。これらの違いの多くは小さなもので、単なる差異であったり、一方にあって他方にないものだったりする。フロイスもそのことを知らないわけではなかった。彼の著作の題名のなかで、矛盾（コントラディサウン）と差異（ディフェレンサ）という語が並んでいるのだから。けれどもフロイスは他の二人よりも、すべての対比を、同じ枠組に入れようと努めていることが見てとれる。簡潔に記述され、似たものを対応させながら組み立てられた数百の比較を読むと、ここには差異が記されているだけでなく、これらすべての対比が反転であることがわかる。なじみのないものと慣れ親しんだものという二つの文明の習慣のあいだで、ヘロドトス、フロイス、チェンバレンが目指すものは同じだった。互いに理解し合うことはできないにしても、それを越えて、対称的な関係を明瞭に示そうとしていたのだ。

しかし、ヘロドトスにとってのエジプトにしろ、フロイスとチェンバレンにとっての日本にしろ、それはエジプトと日本が彼らのものとまったく対等な文明を有していたことを認めるやり方ではなかったか。二つの文化のあいだの対称は、両文化を対置しながら結び合わせる。二つの文化は、鏡に映った我々自身の姿のように、似ていると同時に違っている。個々の細部まで自分と同じなのに、自分に還元できないものなのだ。旅行者が、彼のものとまったく対立する慣習を、対立しているがゆえに侮蔑し、不快感とともに拒もうとしたとしても、それを逆に見れば、実際は彼の慣習と同じであることに得心すれば、彼はその異様さを手なずけ、それに馴染むための手段を講ずる。

エジプト人と彼の国の人々の習慣が完全に正反対の関係にあると述べることで、ヘロドトスは実のところそれらを同等に扱い、ギリシャ人がエジプトをどう見ているかを間接的に説明する。つまり、エジプトは尊敬に値する古さを誇る文明であり、秘教的な知識を有していて、今なおそこから教訓を得ることができるとしているのである。

同様に、だがこれとは異なる時代にフロイスが、ヘロドトスと比較できる状況で、異なる一文明に向き合ったとき用いたのも、対称という見方だった。十九世紀半ばに西洋は、日本が西洋に示した美的、詩的感性の形式のうちに、自らを再発見する思いを抱いた。そのことをフロイスは早すぎたので知らずに、だがチェンバレンは知っていて、その深い理由をよりよく理解する一方法として、対称という見方を私たちに示したのである。

訳注

〔1〕題辞は生島幹三訳（『プラトン全集』7、岩波書店、一九八六年）に拠る。
〔2〕チェンバレンからの引用でなくとも直接の参照個所は、高梨健吉訳（『日本事物誌』2、平凡社東洋文

庫、一九六九年、二七一～二七三頁）の表現に拠った。

〔3〕チェンバレン自身、「男性に属するから、このような点に関しては躊躇しながら話さねばならないが、知人である婦人が知らせてくれたことによると」と留保をつけているこの点について、秋田県横手市在住の染織家の女性から貴重なご意見をいただいた。

着物の仕立てを頼んでいる、六〇代後半の男性和裁士の針仕事を間近に見ていると、針を持つ右手はほとんど動かず、左手は中指、薬指、小指で布を掴んで、親指と人差し指のあいだに布を送り出し、針先に差し込む。左手の親指の腹で上布の、人差し指の腹で下布を探り、経糸と緯糸の組織点を拾い、上下布の点が一致したところに針が刺される。大正初め生まれで、女学校の和裁専攻科を履修された母堂も、そのような縫い方をしていたという。

この注釈に従えば、明治年間のチェンバレンの記述は、布の縫い方に関しては、適切だったと言えるだろう。ただ、「針に糸を通すのではなくて、糸に針を通す」というもう一つの指摘は、染織家の女性に伺ったところでも、大正末から昭和初め生まれの日本人女性何人かに訳者が訊ねたところでも、当たっていないと思われる。逆に、西洋人女性が糸に針穴を近づけて通すのを、訳者は複数回目撃している。単に「あべこべ」であることに注目するのではなく、一般化して断定する前に、なぜそうなのかという背景の理解を伴った、事実の確認を積み重ねなければならない。本書「仙厓　世界を甘受する芸術」の訳注〔1〕（一〇二頁）や、「川田順造との対話」の一四三～一四五頁を参照。

〔4〕フランス語では、両柄の鉋を、その名の通り**plane**「平らにする（**planer**）もの」と呼ぶ。フランスの職人は、ブドウ酒の樽作りに欠かせないこの鉋を、前傾した台を前にして腰掛け、台に乗せた木片にこの鉋をあてて、手前に引いて使う。フランス人の職人仕事についての、著者の知識の初歩的な誤り。

〔5〕正確には二十年。

〔6〕松平千秋訳（『歴史』上、岩波文庫、一九七一年、二一〇～二一一頁）に拠る。

アメノウズメの淫らな踊り

アメノウズメの淫らな踊りと、ホメーロスのデーメーテールに捧げられた賛歌に登場するイアンベの踊りや、アレクサンドリアのクレメンスが伝えるバウボの踊りが似ていることは、あまりによく知られているので、私は改めて論じない。早々に指摘されたことだが、一九三〇年頃に翻訳され出版された古代エジプトのある物語《ロマン》にも類似点がある。たいへんよく似ているので、当時、東洋学者のイジドール・レヴィは、日本の物語《レシ》のはるかな起源が、ここにあるのではないかと述べたほどだ。

このフォーラム〔1〕のテーマからいえば、そのエジプトの物語が特に興味深い。なぜならそこでは猿の神が、ある役割を演じるからだ。『古事記』や『日本書紀』とは書かれた時代が大きく隔たってはいるが、私はこの観点から検討しようと思う。エジプトの物語を私たちに伝えているのは、紀元前二千年紀の終わりのものとされるパピルスである。専門家は、この物語が最初に書かれたのは、さらに千年遡る中期王国時代だったと推定している。

物語は、裁定の場に集まった神々が、大神オシリスの後継者を決めかねているところから始まる。オシリスの若い息子であるホルスは、彼の母親であるイシスに強く支持されている。もう一方はホルスの母方の叔父であるセトだ。裁定を司っている太陽神プレー・ハラフティーは、ホルスに好意的な大勢に反して、セト支持に傾いている。それゆえ彼は、猿神ババから聞かされた意見を不快に思う。心を傷つけられたプレー・ハラフティーは、館に引き籠もり、日がな一日、悲しみを抱いて仰向けに寝そべっていた。かなり経ってから、彼の娘のハトホルが突然訪ねてきた。彼女は着ていたものを脱ぎ、性器を露わにした。これを見て太陽神は笑い、起き上がって、裁定の席に戻った。

日本の『記紀』との類似に、はっとさせられる。心傷ついた神がいずれも太陽神であるだけではない。笑いに（神自身の笑いであれ、踊り手、あるいは観衆の笑いであれ）、極めて大きな役割が与えられているからだ。ヘロドトスは、女陰をかたどった記念碑を見たと記している（『歴史』巻II、一〇二、一〇六）。これは、ファラオのセソストリス三世（この物語が最初に書かれた時代と在任期間がほぼ一致している）が、打ち負かした敵をあざ笑うためにシリアとパレスチナに作らせたものである。ヘロドトスはまた、彼の時代（つまり千五百年後）にもまだ、ブバスティスの祭り[2]に船で赴く男女がどこかの町を通るときには、できるだけ船を岸に近づけて、女の旅人たちが立ち上がって着ている物の裾をまくり上げ、町の女たちを嘲笑したと書いている（『歴史』巻II、六〇）。女性器を見せるというおどけた仕草で何かを暗示することが、幾世紀にわたってエジプト文明のなかで続いた特性の一つだったように思われる。

太陽神に無礼をはたらき、太陽神が閉じこもる原因を作るのは日本ではスサノオだが[3]、エジプトでは猿の神である。古代エジプト人に猿（エジプトでは狒々《ひひ》、*Papio hamadryas*）は何を暗示していたのか。エジプト人は、猿と天体が密《ひそ》かな親和力でつながっていると考えていた。猿は、太陽に最も近い惑星である水星と特別に近しい関係を持っていた。夜明けに太陽の小舟が現れると狒々たちが歌をうたって迎えた。また春分と秋分には猿が大量に排尿すると考えられていた。そして、満月のときは陽気、新月のときは喪に服しているかのようという具合に、月の位相にも猿が関わっているとされた。インドでも猿と天体や気象の現象に同じような密接な関係が存在した。ハヌマーン〔猿族の神〕は風の神の息子とされている。また中央アメリカのマヤ人（彼らは、猿は昔、風に姿を変えられた人間であると考えていた）や、南アメリカにも同じ関係が見られる。

日本の神、サルタヒコの名に含まれる***saru***という形態素に「猿」の意味を与えることは、多くの仮説から一つを選ぶことだ。じつはこの神もまた、天空の世界と地上の世界とを仲介する役割を演じる。（ハヌマーンのように）恐るべき神格で、神々が地上に降臨するのを妨げることもできたのだが、アメノウズメの笑いと二度目の踊りで陽気になって、神々を東へ導くことにしたのだ。

垂直軸上で、次いで水平軸上で展開されるこの二つの役割は、中世ヨーロッパの図像における猿にも見られ、興味深い。この猿のラテン語名は、ほとんどが女性形（*simia*）だが、日本の神話では猿の性質は、サルタヒコとアメノウズメという、男女の対《つい》として表現されている。『受胎告知』の絵のなかに雄猿か雌猿が描かれているのは一見謎めいているが、これは罪を犯した最初のイヴを新しいイヴ（処女マリア）に対置させ、『旧約聖書』から『新約聖書』への移行を意味するのではないかと、美術史家たちは考える。そのことから中世の図像では、猿は人間の転落を象徴すると思われる。一方日本では、猿は肯定的な能力を持ち神々の降臨と結び合わされている。どちらの場合も、その役割は移動に関わっており、そのため日本では、サルタヒコと道導《みちしるべ》の神、庚申《こうしん》に深いつながりがあるのだ。

物乞いの老婆

スサノオの天界からの追放に続く、出雲神話群とも呼ぶべきもののなかで、『古事記』には「因幡の兎」の挿話がある。(1) この挿話の解釈に注解者は困惑する。この挿話がインドからセレベス諸島にまで広まっている物語（クラウス・アントニがその類話の集成を行っている）の作り直しであることは知られている。もとの話では、被害者の役も鰐がつとめている。

鰐は日本には棲息せず、かつて日本人が知らなかった動物である。そのため、*wani* という語が、鰐を意味していなかったのではないかという意見もあった。しかし、当時の日本人も間接的に知ることができたのではないだろうか。古代中国では鰐が太鼓と和音を発明したと考えられていた。この考えは、少なくとも潜在的な形でビルマ〔ミャンマー〕にも残っている。ビルマでは伝統的なリュートは鰐の形をしているのだ。日本で「ワニ」という言葉が、木製ないし金属製のある種の銅鑼〔鰐口〕を指す語のなかに入っているのは、鰐に関する知識が、神話的な形でそこまで達していたことを示唆するのではないか。(4)

私自身も北米と南米で、「因幡の兎」にきわめて近い神話物語を見つけている。これだけ広い地域に伝わっているのだから、それが日本にあっても、それほど驚くにあたらない。けれども、二匹の動物のいざこざに関わる東南アジアの短い物語、おそらく聞く人を楽しませるために作られた物語が、壮大な神話体系のなかに自らの位置を見出しえたことは、やはり不思議だ。

それゆえ、エジプトの物語のなかにも同種の挿話があり、そこでも、太陽神が他の神（猿神ババの役割が、スサノオのそれに当たるだろう）に侮辱されて閉じこもっていた隠れ家から出てきたあとに、続くということは注意を引く。その挿話とは、以下のようなものだ。

イシスが息子のホルスのためにあれこれ介入してくることに嫌気がさして、セトは、イシス抜きで裁定を続けることを要求する。評議会はそれを了承してナイルの川中の島に場を移し、アンティという名の渡し守に、船にけっして女性を乗せないよう厳命する。だがイシスは貧しい老婆の姿になり、渡し守に、禁令は老婆には適用されないと言いくるめ、金の指輪を贈って渡し守の歓心を買う。島にたどり着くと、イシスは魅惑的な娘に変貌し、セトは彼女にのぼせてしまう。巧みな策略で、彼女はセトの主張が不当であることを認めさせる。

したがって、ここにもまた欺《だま》される渡し守が出てくるが、鰐ではない。「鉤爪《かぎづめ》をもつ者」アンティは、鷹の姿で表されている。それでも鰐は背景に姿を見せている。セトがイシスとホルスに挑んだ戦いが繰り広げられる町は、アンティに因《ちな》んで名が付いている（このことは我々を本題に連れ戻してくれる）。プルタルコスは、ここで一人の老婦人が一匹の鰐と共寝しているのが見られたと記しているのだ（『動物の知恵について』XXⅢ、九）。

象形文字で記されたこの町の名は、「サンダルの町」と読まれていた。それはアンテ（＝アンティ）が、ナイル川対岸にある、「二足のサンダルの町」とも呼ばれるアフロディトポリスの町を失ったからだ。サンダルを失ったというのは、イシスを渡したためにアンティに科せられた罰と考えられる。その碑文に記されているところでは、アンティは「両足の前の部分」を切り取られたという。これは、スサノオが罰として手足の爪を剝がれたのと似ていて、興味深い。

この物語が渡し守の挿話に与えている形式から、ギリシャ学者ジャン・ユボーは、これをさらに壮大な物語のなかに統合した。ギリシャでは二つの例が知られている。女神ヘーラーもしくはアフロディーテーが物乞いの老婆に姿を変えて、渡し守に思いやりがあるか試そうとする。女神は船賃なしで渡してもらったお返しに、彼に若さと美しさを与える。イアソーンの場合は、片方のサンダルを失《な》くさせる（このことにより、イアソーンは黄金の羊毛を獲得するが、その経緯は長すぎるのでここでは述べない）。アンティは逆に、金を彼の町で禁じてしまう。金の指輪の贈り物で買収されて、罰として足の一部を失ったからだ。ギリシャとエジプトの物語、エジプトと日本の物語のあいだには、類似、交雑、対称関係、あるいは倒置関係が漠然と認められる。そうしたことから、これらの伝承が接点を持ち、影響し合ったと推測してよいだろうか。それらを注意深く考察すれば、むしろ慎重論に傾かざるをえない。

まず、忘れてはならないのは、『古事記』とエジプトの物語のあいだには、三千年か、もしくはそれに近い年代の隔たりがあることだ。比較論者は、数千年を飛び越えて、終わりを始めと結びつけようと試みることが、あまりに多い。彼らは、この巨大な歳月のあいだに、あたかも何も起こらなかったかのように言うが、それは何が起こったか知らないからにすぎない。けれども、我々に知られていないその数千年の歴史が、変動や、断絶や、出来事において、他の歴史と同じように豊かでなかったと想像する権利を、我々はまったくもっていない。無論、個別に確証を示せるものは別だが、それ以外については、時間的、空間的に大きく隔たった作品のあいだに、系譜上のつながりや借用があったのではないかと、あらかじめ想定しないように心すべきだ。

さらに、『古事記』とエジプトの物語は、神話ではない。名がわかっているか、いないかの違いはあっても、一人の作者が、神秘的な素材をそれぞれのやり方で作りかえた文学的創作だ。そして二つの作品は、著しく異なる、正反対と言ってもよい性格をもっている。一つは、超自然に彩られた叙事詩的物語であり、王朝の自己正当化に奉仕するためのものだ。もう一方の作品は、大衆を楽しませるために神々をあざ笑う、ユーモアに満ちたお話だ。

とはいえ、あちこちで、テーマやモチーフが、不思議に呼応し合っているのは確かだ。二つの作品はおそらく、古代神話の同じ層に属しているのであろう。かと言って、二つの物語が表現しているもののあいだに系譜関係を打ち立てることはまったくできない。クラディスム（分岐論）と呼ばれる動物界の新しい分類学は、原初的特徴と派生的特徴を区別することを教えてくれた。原初的特徴が同じだからといって、二つの種が近縁関係にあると結論づけることはできない。五本の指をもつからヒトがカメやサンショウウオと近いと言うことはできない。これはおそらく陸生の脊椎動物すべてに共通の原初的な特徴の一つだったのだろう。それを保持した種もあれば、失った種もあった。例えば、ウマは指が一本だが、ヒトはいかなる両生類や爬虫類よりもウマに近いのだ。

この区別を神話に移してみるならば、原初的特徴は、神話にあっては、形式における本質を思考の中で展開することにあるといえるのではないだろうか。我々が取り上げている例では、神話的思考は、太陽の東から西へという縦断方向の展開が、水の流れ、あるいは海の入江を一方の岸から他方へ横切る、渡し守によって成し遂げられる横断的思考を促していると言うだけで十分であろう。

こうした第一の思考上の転換によって促される他の思考上の倒置が、構成を豊かにすることになる。天界の縦断方向の移動が妨げられるという観念が、地上の縦方向の移行を生み出すか、回復させる。もう一歩踏み出してみよう。天界における第一の縦断方向の移動は中断されるが、のちに地上で、第二の移行の継続は、逆に確かなものになる（そこに、日本におけるスサノオとサルタヒコ、それぞれの役割が認められる）とすれば、水上の横断は乱暴に妨げられたり、無償で提供されるのではなく、中間の解決——つまり取り引きや、悪だくみや、欺きによるものでなければならない。このようにして、純粋に論理的必然によって、他のすべての点でこれほどに遠い二つの作品において、侮辱された太陽のモチーフの傍らに、渡し守のモチーフが描かれうることが説明されるのである。

エジプトのセトとスサノオ

潜在的にはいたるところにあるこれらの原初的な性格は、それでいながら常に表現されているわけではない。『古事記』は利用できる限りの神話的素材を、あまりに完璧に整理しているので、その翻訳が初めてヨーロッパで刊行されたときには、かつてはすべての人類が共有していた原初の大神話——ドイツ人は ***Urmythus***「原神話」と呼んだ——の反映がそのまま自分たちのところまでたどり着いたと迷わず考える学者もいた。そして事実、『古事記』の作者は、横断軸における移動のありさまが、変換の一覧表のなかにその位置を占めるべきことを、はっきりと認識していた。この項目を埋めるべく、作者は手持ちの素材を使った。動物の短い話だが、神話的思考を操作する見事なやりくり《ブリコラージュ》の例だ。詩人であるよりは学者だった『日本書紀』の編者たちは、同じ必要を感じなかったか、もしくは「因幡の兎」に対して批判的な態度をとった。そして彼らはこの挿話を無視したか、あるいは意図的に排除した。

『古事記』のこの章と、東南アジア起源の話が、クラディスムが派生的とみなすかもしれない性格によって結び合わされること——外に表れた形では隣り合っているもの同士の親縁関係が、それぞれに本来具わっている性質にもとづいて置き直されること——を、私は手短に示してみようと思う。

川や海の入江を渡ろうとする者には、理論的に二つの解決方法がある。一つは動くもの、すなわち渡し守だ。もう一つは動かないもの、橋である。神話は普通、このどちらかを選ぶ。例えば、アメリカ先住民の神話では、欺されて橋の代わりをする動物は渉禽類で、ワニでは決してない。もしくは、渡し守の役割をしているとすれば、それはワニ（アリゲーター科のワニ、あるいはその一種であるアメリカ・カイマン）であって、鳥ではない。ところで、日本版と東南アジア版は共通の特徴をもっており、他のすべてのものと異なっている。それらは、二つの解決方法が綜合された形で展開する。渡し守が単独でなく、複数になることによって、ワニが橋になるからだ。

同様に、巨大な身の丈で、恐ろしげで、悪魔的であり、並外れた力を持つと『日本書紀』に書かれているサルタヒコは、インドの〔猿の神〕ハヌマーンとしか共通点を持っていない。これらの特徴によってのみ、類縁性があるといえる。

それゆえ、あまりに離れすぎたもの同士を近づけることは警戒しなければならない。類似のなかのあるものは、歴史もしくは先史の関係にではなく、神話的思考の基本構造と呼びうるかもしれないものに由来している。この基本構造が、ここかしこに表れていたとしても、それは系譜関係が、それぞれの表現の間にあることを意味しない。単に基本構造が、ときに全体として、あるいは断片の状態で、表面に表れているにすぎない。表現されないままに留まることもありうるし、いくつかのものは、単に消滅してしまった可能性もある。エジプトの物語《ロマン》と日本の神話的物語《レシ》の類似を検討するのは、このような展望で行うのが適切であるように、私には思われる。

類似を問題にするのには留保が必要だとしても、逆に、差異は考察を育むことができる。二つの作品で対応する登場人物が、同一の機能を果たすことがある。エジプトのセトと日本のスサノオは、地上あるいは地下の世界で神々の仲間から排斥されたあと、天上では太陽神の傍らで嵐の神になるべく喚《よ》ばれた〔5〕、気性が激しく恐ろしい神格として、相互に入れ替えが可能だ。スサノオはまず天へ、次いで陸へという二つの対立する方向への行路を開く、ないしは容易にすることを、アメノウズメに課し、エジプトの物語では、ハトホルは、特異で、だが同時に多義性を帯びた——象徴的には天界だが、物語に記されている字義通りには地上界の——行路を取りもどすのに、日本の女神と同じ方法に頼る。そして、この天界の行路を妨害する者の役を、日本ではスサノオ、エジプトでは猿の神が演じ、日本で猿の神に対応する者が、これとは正反対の役割を演じている。このことは、スサノオとサルタヒコという、日本最古の神々の恐るべき二柱の間に、もしかするとありえたかもしれない結びつきについて、改めて考えるように促している。

原注

（1）本書「因幡の白兎」〔六一～七一頁〕参照。

訳注

〔1〕二〇〇一年九月に伊勢で開かれた第四回猿田彦大神フォーラムに著者レヴィ＝ストロースが参加を呼びかけられ、紙上参加のために送った論文が本稿である。

〔2〕ブバスティスの祭りは、古代エジプトでの国民的大祭。ブバスティスは、広く信仰を集めていたバステト女神の守護地で、北部エジプトのナイル河畔にあり、末期王朝時代エジプトが分裂した際、首都になったこともある重要な都市。

〔3〕著者は、以下の記述に示されるように、スサノオとサルタヒコを、同一ないし変換・連続する神格と見なせないかという問題提起をしている。

〔4〕本書「因幡の白兎」の訳注〔1〕（六九～七〇頁）も参照。

〔5〕スサノオに関しては、「天上では太陽神の傍らで嵐の神になるべく喚ばれた」という理解が妥当かどうかには、『古事記』『日本書紀』のどちらに依拠しても、問題がありうる。

参照文献

Antoni, Klaus j., *Der weisse Hase von Inaba. Vom Mythos zum Märchen* (*Münchener ostasiatische Studien*, vol. 28), Wiesbaden, Franz Steiner Verlag, 1982.

Gardiner, Alan H., *The Library of Chester Beatty. Description of a Hieratic Papyrus with a Mythological Story, Love-Songs and Other Miscellaneous Texts* (*The Chester Beatty Papyri*, n° I), Londres, 1931.

Hubaux, Jean, « La Déesse et le Passeur d'eau », *Mélanges offerts à M. Octave Navarre par ses élèves et ses amis*, Toulouse, Édouard Privat, 1935.

Janson, Horst Woldemar, *Apes and Ape Lore in the Middle Ages and the Renaissance* (*Studies of the Warburg Institute*, vol. 20), Lodres 1935.

Lefebvre, Gustave, *Romans et Contes égyptiens de l'époque pharaonique*, Paris, Adrien Maisonneuve, 1949.

Lévy, Isidore, « Autour d'un roman mythologique égyptien », *Annuaire de l'Insitut de philologie et d'histoire orientales et slaves*, n° 4, 1936.

知られざる東京

『悲しき熱帯』の日本語版初版が出た一九六七年には、私は一度も日本を訪ねたことがありませんでした。ところが一九七七年から一九八八年のあいだに、私は五度《ごたび》日本へ行くことができたのです。それはいつもさまざまな機関のおかげでした。ここであらためてそれらの機関――国際交流基金、サントリー文化財団、日本生産性本部、石坂財団、国際日本文化研究センター――に、お礼を申し上げたいと思います。

国際交流基金は、六週間のあいだ、日本という国を、極めて多様な角度から私に紹介しようという配慮から、東京、大阪、京都、奈良、伊勢のほか、私の優れた同僚である吉田禎吾教授や福井勝義教授のご案内で、能登半島や日本海の隠岐にまで行けるように計らってくださったのです。サントリー財団には、瀬戸内海と四国を知る機会を与えていただいたことを感謝しています。一九八三年には、いまお名前を挙げた吉田禎吾教授は琉球諸島の伊平屋《いへや》島、伊是名《いぜな》島、久高《くだか》島にお連れくださり、教授の民族学的調査に私もほんのわずかですが加わらせていただきました。三年後、次の滞在のときには、私は九州を訪ねたいと思いました。一週間以上にわたったこの旅行は、渡辺靖夫人にご一緒していただいたおかげで可能になったと言えますが、渡辺夫人は、私の初めての日本訪問以来、かけがえのない案内者、通訳を務めてくださいました。

川田順造教授に対しては、『悲しき熱帯』を訳してくださったことを始めとして、私が感謝すべきことは数え切れません。それに加えて一九八六年には、川田教授は外国人訪問者のほとんどが知らない東京の一面を見せてくださいました。昔ながらの和船で、隅田川を遡り、さらにこの川の西でも東でも東京の町を縫って流れている運河をめぐったのです。

初め何度かの日本訪問の頃、パリの私の研究室では、さまざまな時代の多様な社会の、さまざまな職種での労働観の研究計画に着手したところでした。それゆえ、私の旅行がこの種の課題に関わるように企画されることを私は願い、どんな辺鄙《へんぴ》なところでもかまわないから、町や村の職人の方々にお会いできるように計らっていただいたのです。奈良の数々の博物館や社寺、伊勢神宮の思い出は無論忘れられないものではありますが、私の大部分の時間は、キモノの機織師、染師、絵師（染織美術の研究者である私の妻も関心をもっていた職種でしたが）や、陶芸師、鍛冶師、木地師、金細工師、漆芸師、木工師、漁師、杜氏、板前、菓子杜氏、それに文楽の人形遣いや邦楽の奏者の方々とお会いすることに割かれました。

そこから私は、「はたらく」ということを日本人がどのように考えているかについて、貴重な教示を得ました。それは西洋式の、生命のない物質への人間のはたらきかけではなく、人間と自然のあいだにある親密な関係の具体化だということです。他の面では、ある種の能の演目でのように、ごく日常的な仕事に詩的価値を付与することによって、それらを顕彰しています（「詩的」という言葉のギリシャ語の〔「作る」ことを意味した〕語源と、芸術的意味とを一致させています）。

日本での人間の自然に対する関係について、日本へ行く前に考えていたとき、私はやや理想化しすぎていたと思うのですが、上に述べた面以外でも私には予期しない発見がありました。日本を旅行していて、素晴らしい庭園、桜の花への愛着、生け花、そして日本料理さえもが西洋人の目に示してくれる、自然美への崇敬がある一方で、自然環境と折り合いをつけるときには極めて粗暴な手法が用いられることもあると知ったからです。北斎の美しい画集『隅田川両岸一覧』によって隅田川を心に描き続けていた私にとっては、先に触れたこの川の遡行は衝撃でした。古い版画を通してパリを知っている外国からの訪問者も、今のセーヌ川の両岸を見て、同様の反応を示すでしょう。ただ、パリでは版画からの想像と現実との隔たりはおそらくより小さく、過去から現在への移り変わりも隅田川ほど激しくはないと思います（とはいえ、私が聞かされていたのとは反対に、現代の東京は私には醜くは感じられませんでした。建造物の単調な整列が、通行者に二面の壁のあいだの小路や大通りをたどらせる西洋の都市と違って、さまざまな建物が不規則にたてこんでいることは、多様で自由な印象を与えます）。

さらに、日本人が（捕鯨に対してのように、時として彼らが拠りどころにする、邪《よこしま》な理由づけによって）ある時は自然を、ある時は人間を優先し、人間のために必要なら自然を犠牲にする権利を自らに与えるのも、おそらく自然と人間とのあいだに、截然《せつぜん》とした区別が存在しないことによって説明されるのかもしれません。自然と人間は、気脈を通じ合った仲間同士なのですから。

日本人の同僚たちが日本の歴史を解く一つの鍵として私に教えてくれた、あの「二重の規準《ダブル・スタンダード》」による理由づけの一例を、私はそこに見出せるように思うのです。ある意味では、一世紀のあいだに世界の人口が二十億足らずから六十億になったという、我々の時代の大問題に対しても、日本は自国に関するかぎり、都市の切れ目のない連続を生じさせるほど人口の密集した沿岸部の国土と、人がまったくか、ほとんど住んでいない山がちの内陸部とを共存させるという独特の解決法を見出しました。このような対立はまた、科学、産業、通商という領域と、昔ながらの考え方に依拠し続けている領域との、二つの精神世界のあいだにも見られるのかもしれません。なぜなら、この「二重の規準《ダブル・スタンダード》」は時間の次元にも適用されるからです。驚異的に高速の進化によって、日本は西洋世界が何世紀もかかってたどった道のりを、数十年で通過しました。そのおかげで、日本はその精神的な根源との緊密なつながりは保ったまま、近代化することに成功したのです。

職業生活の大半を、私は神話を研究することと、この思考領域がいかに理に適ったものであるかを示すことに費やしてきました。日本で神話が保っている活力に深い感銘を受けずにいられないのも、そのためなのでしょう。琉球の小島で、小さな森や、岩や、天然の井戸や、泉など、聖なるもののかくも豊かな顕現と見なされているもののあいだにいたときほど、自分が遠い過去に近く身を置いていると感じたことはありません。久高島では、世の初めの畑に蒔《ま》かれた五種の種子をもたらした聖なる来訪者が出現したという場所を、島の人たちは私たちに示してくれました。島の人々にとっては、この出来事は神話の時代に起こったことではないのです。その出来事は昨日のことであり、今日の、あるいは明日のことでもあるのです。なぜなら、ここに足跡をしるした神々は毎年再来するからであり、全島のいたるところで、儀礼や聖なる遺址が、神々が確かに来訪したことを証拠立てているからです。

おそらく、書かれた歴史が比較的新しい時代に始まったために、日本人は歴史を神話のなかに根付かせるのでしょう。そのことを私は、あなた方の最も古い神話の舞台となった九州で確信させられたのです。この段階では、歴史性という問題は提起されません。不都合を感じることなしに、二つの遺址で、ニニギノミコトが天から下ったときにお迎えした栄誉を言い立てることもできるのです。そしてオオヒルメノムチ、つまりアマテラス女神の祠《ほこら》のある場所の荘厳さは、この神が岩屋に姿を隠した、古《いにしえ》の物語がここで起こったと信じさせるに足るほどのもので、岩屋は近寄って見るには畏《おそ》れ多く、遠くから垣間見るだけとなっています。この偉大な建国神話と、伝承がそれを位置づけている崇高な風景とが、神話の時代と現代の感受性のあいだに、生きられた連続性を保っているさまを実感するのには、この聖地訪問者たちを乗せてくるバスの台数を数えてみるだけで十分です。

『悲しき熱帯』を書きながら、人類を脅かす二つの禍《わざわい》——自らの根源を忘れてしまうこと、自らの増殖で破滅すること——を前にしての不安を表明してから、やがて半世紀になろうとしています。おそらくすべての国のなかで日本だけが、過去への忠実と、科学と技術がもたらした変革のはざまで、これまである種の均衡を見出すのに成功してきました。このことは多分何よりも、日本が近代に入ったのは「復古」によってであり、例えばフランスのように「革命」によってではなかったという事実に、負っているのでしょう。そのため伝統的諸価値は破壊を免れたのです。しかしそれは同時に、日本の人々、開かれた精神を長いあいだ保ってきた、それでいて西洋流の批判の精神と組織の精神には染まらなかった日本の人々に、負っています。この二つの精神の自己撞着《どうちゃく》した過剰が、西洋文明を蝕んできたのですから。今日でもなお、日本を訪れる外国人は、各自が自分の務めをよく果たそうとする熱意、快活な善意が、その外来者の自国の社会的精神的風土と比べて、日本の人々の大きな長所だと感じるのです。日本の人々が、過去の伝統と現在の革新の間の得がたい均衡をいつまでも保ち続けられるよう願わずにはいられません。それは日本人自身のためだけに、ではありません。人類のすべてが、学ぶに値する一例をそこに見出すからです。

川田順造との対話

一九九三年、クロード・レヴィ＝ストロースは、日本の国営テレビ（NHK）のために、川田順造との対話に応じた。人類学におけるアメリカ研究に関する第一部に続いて、第二部では日本が話題になった。以下に書き写したのはこの第二部で、自由な対話の雰囲気を保つために、この種の出逢いの特徴である、言い直しや話し言葉の感じを、敢えて消さずにおいた。

クロード・レヴィ＝ストロース　私の父は、あの世代の芸術家が皆そうだったように、日本の浮世絵が好きでした。で、私にも褒美にくれたのです……。最初にくれたのは、私が六歳のときでしたが、私はすぐ、完全にその虜《とりこ》になってしまいました。子どもの頃ずっと、学校で良い成績をとると、父は褒美に浮世絵を一枚、自分の紙挟みから出してくれたのです。

川田順造　先生のお気に入りは、誰ですか、浮世絵師のなかで？

レヴィ＝ストロース　私はとくに、初期、つまり寛文時代の絵師[1]たちが素晴らしいと思いますが、あるいは、もう少し時代を下って、懐月堂[2]、師宣《もろのぶ》など、あと何人か、まあ、これらは博物館で観るもので……それ以外どうしようもありません！　私は国芳《くによし》の芸術にたいそう関心があります。よく退廃的だといわれますが――そんな風に、国芳は思われているわけです――、けれども私は彼の芸術、そこには非凡な発明と荒々しさが表現されていると思うのです……。ある時期のあいだずっと私を惹《ひ》きつけていたのは、若い頃の彼の版画、一八三〇年頃に作られた、『水滸伝』の翻訳の挿絵です。つまり、馬琴が当時中国語から翻訳したものです。私はこれを、たいそう美しいと思うだけではありません。同様に民族学的見地からも、興味深いと思うのです。なぜなら、それは十九世紀の日本人が、極めて古い、ある中国について、どのような姿を思い描きえたかを、よく示しているからです……。

けれども、こうしたものとはまったく別に、私たちは豊かな民衆美術に取り囲まれています……「鯰絵」、つまり一八五五年の安政大地震は、今日、日本のある階層にとっては、もしかすると衝撃的に思われるかもしれない、大昔の一つの神話を蘇らせたのです。なぜかといえば、例えば一人の金持ちにその富を吐き出させているのが見られます。そして地震——つまり「世直し」、世界の更新——は、恵まれない人たち、貧しい人たちが金持ちの財産を分捕るのを可能にするのです。

けれどもかなり不思議に思われるのは、まったく地方的で奇妙に見えるこの象徴的行為が、西洋の中世にも存在することです。例えば十二世紀には、新しい法王が選ばれたとき——それはある意味で「世直し」、一つの世界の更新ですが——、新任の法王は、大聖堂の前で「糞便台」と呼ばれる穴のあいた椅子に座ることになっていました。そこから、人々が『旧約聖書』の詩篇の一つ「貧しき者は、富める者と同等にまで高められよ」を唱えているあいだじゅう、富を分配し続けたのです。つまり私たちが「鯰絵」のなかに見るのとまったく同じ象徴的行為です。このことは、著しく異なるコンテキストで再発見されうる、人間の精神の内にある基層的なものについて考えるよう、促しています。

日本では、地震を起こすのは鯰です。アメリカ、少なくともアメリカのいくつかの場所では、フカカサゴ科 *Scorpaenidae* の魚です。フカカサゴ科は、日本では虎魚《おこぜ》が代表的ですが、これは山の神への供え物です。そして明らかに山と地震とは、ある意味で結び合わされていますから、日本で鯰に帰せられているものは、アメリカでは虎魚に属していることになります。

さらに、アメリカでも鯰はさまざまな病気の素《もと》です。ところで、同じ漢字が、もし私が間違っていなければ、魚と皮膚の病気を指します。[3] 魚が、皮膚の病の一つを惹きおこし、同時に治すのです。ですからそこには、かなり不明な点の多い、日本でよりもアメリカで遥かに不明度が大きい、けれども探求に値すると思われる領域があります。アメリカ研究者にとって、これらすべては極めて興味深いことです。

川田　先生の日本に対する関心は、いつも意識されていなかったにせよ、先生の幼児期からずっと続いていたのでしょうか、それとものちになって、新しい人類学的な関心から、日本に改めて関心をもたれたのでしょうか?

レヴィ＝ストロース　関心が続いていたとは言えないと思います。私がブラジルで過ごした歳月の間は、私は完全にアメリカ研究に没頭していましたし、日本のことを、もうあまり考えませんでした。けれども、戦争中アメリカ合衆国にいたときでさえ、博物館の収蔵品を眺めて、私は日本に、実に活き活きとした興味を、改めて抱き始めていたのです……。けれども結局のところ、いつか日本に行くことがあるだろうとは思っていませんでした。そう考えたことがなかったのです。ところが一九七七年に、国際交流基金の素晴らしい招待をいただいたのです、まるで雷鳴のように。そのとき、自分に言いきかせました、今まで断続的にだが想い続けて来たあの日本に、とうとう会えるのだ！

川田　この招待の前にも、日本への関心はおもちだったわけですけど……。

レヴィ＝ストロース　人類学的な関心ではありましたが、おそらく何度も日本に滞在したあとでそうなったような、例外的なものではありませんでした。

川田　ブラジルのナンビクワラやカデュヴェオと、私たち日本人とは、同じ遠い祖先からの共通の子孫です。異なる地理圏、文化圏に属している、この二つの集団の間に、先生はどのような連続性あるいは非連続性をお感じになられますか？

レヴィ＝ストロース　勿論《もちろん》、私たちは皆、同じ先祖をもっています！　そして確かに言えることは、日本を見ると、とくに民衆文芸や神話では、アメリカ研究者の注意を喚起するような呼応に気づかされます。ただ、注意しなければならないのは、それは日本とアメリカのあいだの場合だけではないということです。それは三つが組になったものの一部です。日本で見出すものをアメリカで、アメリカで見出すものを日本で再発見しますが、それは東南アジア島嶼《とうしょ》部、とりわけセレベス諸島にも見出されるものなのです。ですから、こう言ってよければ、あなたが研究で好んで用いている「文化の三角測量」におけるような、三角形の三点の組み合わせがあるのです。そして、忘れてはならないのは、一万五千年から二万年前には、日本は大陸アジアの一部をなしていて、同様に東南アジア島嶼部も、大陸アジアに付着していたということです。ですから、何千年ものあいだ、人間の移動や考えの交換がありえたでしょうし、そのようにして形成された共通の文化遺産の断片を、私たちは、アメリカ、日本、東南アジア島嶼部に再発見するのです[4]。

川田　一九七七年、日本についての先生の第一印象はどのようなものでしたか？　それは一九九三年の現在、私たちの国についてのこれほどのご体験とご研究のあとで、依然適切だとお考えでしょうか？

レヴィ゠ストロース　この対話の第一部[5]で、あなたはブラジルに関してこの質問をなさいました。そのとき私は、第一のもの、第一の印象、それは自然だ、とお答えしました。日本についてはといえば、第一印象、最も強い印象は、人間、人々です。これはかなり意味深長です。なぜならアメリカは、人間においては乏しく、けれども自然の富に溢れた大陸ですが、日本は自然の富は乏しく、反対に人間性において非常に豊かです。面と向かって感じるもの、それは異なる人間性という意味ではありませんが、私からは遠いもの、古い世界の、疲れ、革命や戦争ですり減ったものではないという限りでの人間性です。人々がつねに役に立とうとしている感じを与える、その人たちの社会的地位がどれほど慎ましいものであっても、社会全体が必要としている役割を充たそうとする、それでいてまったく寛《くつろ》いだ感じでそれを行うという人間性なのです。十八世紀のあなたがたの哲学者石田梅岩は、私が間違っていなければ、「心学」という運動の創始者で、まさに道徳のこの面を強調しました。この面は、私の考えでは、私たちがフランス語の「oui」を日本語で言う、その言い方にやや象徴的に表れています。私たちは「ウィ」と言い、あなたがたは

「はい」と言います。私はいつもこういう印象をもってきたのですが――この印象はおそらく、ロティ流の、けれども逆の印象で、まったく誤っているかもしれませんが[6]――、「はい」のなかには、「ウィ」のなかにあるものより遥かに多くのものが含まれています。「ウィ」は受動的な同意の表明ですが、「はい」、これは相手に向かっての一種の跳躍です……。

川田　確かに……。ただ、この点については、少し注釈をつけさせてください。「はい」という間投詞[7]は、元来薩摩の方言でした。薩摩藩は武を重んじる伝統のある藩で、長州藩とともに徳川の軍勢を破って明治の改革を実現しました。この二つの藩は、半世紀のあいだ国家権力を分け合いました。この時代に、軍隊でと同様に小学校でも服従のしるしとして、全国で一様に「はい」と答えるように教育されたのです。他の地域では、京都や江戸もふくめて、伝統的な肯定の返事は、「へえ」「へい」「ええ」「んだ」等々、もっと柔らかい感じのものでした。一九四五年までの、超国家主義・軍国主義体制の日本を知っている私たちの世代にとっては、ですから「はい」という言葉は、上の権力に無条件で服従する精神を思い出させられるのです。ともあれ、それによって、石田梅岩について先生のおっしゃったことを訂正する必要はありません。

レヴィ＝ストロース　ともあれ、日本の自然の美しさに戻りましょう。私は言いたいことがたくさんありそうですよ。なぜといって、日本に着くとすぐから――ほとんど成田と東京のあいだじゅう、右や左に、自然の小さなかけらがあるからですが――色彩の多様さによって一層豊かな自然を発見するのです。そして日本の自然は、おそらく、植物が根源的に不規則なヨーロッパ――ボードレールも「不規則な植物」という言い方で定義しているではありませんか――に比べて、よりよく組織されているように見えます。そしてこれらの不規則な要素から、私たちの庭園では、一つの規則性を創り出そうと努めるのです。ところが、日本の自然を構成する要素は、遥かにより規則的です。*Cryptomeria* 属の杉の林、稲田、竹林、茶畑、これらすべては、出発点で規則性をもった要素をもたらしますが、それらを使って、あなたがたは、こう言ってよければ、一段高次の、より水準の高い、第二次の規則性を創り出すのです。

川田　一九八六年に、東京の運河で舟での散策をなさったとき、私たちが舟に乗り込んだ佃島で、あとで奥様から伺ったのですが、先生はこの慎ましい庶民街に暮らしてみたいとおっしゃったそうです。この街のどのような面に、先生は惹かれたのですか?

レヴィ＝ストロース　佃島には、衝撃を受けました。なぜといって、すっかり緑に囲まれた、あの小さな木の家たち、自分の仕事着姿なのに、昔風に装っているような印象をいくぶん与える漁師たち、私たちが航行した小舟、こうしたものすべてが、北斎と、かくも美しいあの画集『隅田川両岸一覧』を、一挙に私に思い出させてくれたのです。言い換えれば、ヴェネチアにも匹敵する、文明のおそらく最も偉大な成功例を、です。それに、あなたが私に発見させてくれたもの、それは東京のなかの一種のヴェネチアで、私はそれを疑いません。(1)これらすべては、それこそ、古い絵などを通してしか日本を知らなかった者にとって、深く感動させられることでした。そしてあなたは、他のどこかで、それを私が見出したことがあるかと問いかけておられる。

私があなたにお伝えしたいと思うのは、私が日本に行ったとき、大勢の日本人が私に言ったことです。「何よりも、東京に尻込みしないように。東京は醜い街ですから」。ところで、私はこの印象を、現代の東京についてまったくもちませんでした。なぜなら、私たちの文明において、どこまでそれが拘束的だったか考えていなかった、街路というものから、私は解放されるのを感じたからです！　家が一軒一軒ほかの家と接着させられてできている街路、それに引き替え東京では、建物は、こう言ってよければ、遥かに多くの自由さで据え付けられており、いたるところ多様さの印象を与えています。

そしてとりわけ、高く聳《そび》えた自動車道路——有《あ》り体《てい》に言って、それらはまさしく悪夢です——を伴った大通りから歩いて離れ、右や左の脇道に踏み込むと、ほんとうに、ある別の時代の都市の姿を目《ま》のあたりにする想いがします。つまり、パリっ子にとっては、こうした街区は並外れた贅沢ということになるのです、なぜといって……パリでは最早、都会の真ん中で、小さな庭に囲まれた小さな独立家屋で暮らすことは、不可能だからです。こうしたことは、東京ではまだ——おそらくそう長くはないのかもしれないと、私は怖れていますが——ある程度までは可能なのです。

川田　先生は、つねに活き活きとした好奇心を、知的領域と同時に、食べることにも抱いてこられました。先生ご自身の体験から、日本料理についてご意見をお聞かせいただけますか？

レヴィ＝ストロース　ご存じのように、私はたちまち、日本料理が好きになりました。とはいえ、私にとっては初めてのものも、たくさんあったのです。確かに、ブラジルの先住民たちといたときには、私は生きたウジ虫を——それも、生で！——食べました。けれども生の魚は、私は一度も食べたことがありませんでした。サシミを、私はまったく知りませんでした……。

川田　そうです！　鯉の洗いも！[8]

レヴィ＝ストロース　そうです、そうです、他の魚も同じように。日本料理のなかにあるもので、私がたちまち好きになったのは、同時に、浮世絵において私を魅惑し続けてきたもの、さらに一般に「大和絵」と呼ばれるもののなかにもあるもの、つまり、色彩を純粋な状態に保ち、線描と彩色とを区別する配慮です。それは、私たちの料理や私たちの絵画が、全体の綜合を試みているものの構成要素への、こう言ってよければ、ある種の解体を適用することです。

けれども、さまざまな味を、それぞれまったくの単味で純粋な状態に置き、食べる者に自分自身で、望む味の組み合わせを作らせるというこのやり方、それは私にとっては極めて魅力あるものに思われます。さらに、言っておかなければならないのは、私は日本に行って以来、お米は日本式に炊いたものしか食べなくなったということです。[9]　そして、あなたの〔焼き海苔の〕贈り物のおかげで、ご飯に焼き海苔をふたたび味わえるのが、ほんとうに嬉しいのです。ご飯に焼き海苔、それは、この海藻の味わいとともに、プルーストにとってマドレーヌがそうでありえたのと同じくらい、私にとって日本を思い起こす力をもっているのです！

川田　日本贔屓《びいき》の外国人のあいだに広まっている神話では、日本人は自然と調和して生きる知恵をもっていると言われています。けれども、野生の自然との関わりをみると、日本人はあまり精錬されたやり方をしていません。日本人はむしろ、日本の面積の三分の二を占める野生の部分「ヤマ」、字義通りには「山」ですが、「野生の領域」という意味がこめられています、これは別のものとして放置しているのです。

日本での汚染と環境破壊は、先生もご覧になったように、怖ろしい勢いで進んでおり、先生の最後の日本ご訪問の一九八八年以後にも、おそらくさらに進展を速めていると思います。現実のものであるよりは理想化された姿で慣用化した、日本人の自然に対する伝統的とされる考え方との関係で、日本における人間＝自然関係の現状を、先生はどうご覧になりますか？

レヴィ＝ストロース　あなたのおっしゃることはその通りだと思います。私たちはこの点について、誤った考えを抱いていました。少しずつですが到るところ内陸を旅してみて、四国でも、九州でも、これほどの素晴らしい印象のかたわらで、日本が自然を取り扱っている粗暴さは、私には辛いものに思われました。けれども同時に、日本に敬意も表さなければなりません。あなたはご自分でおっしゃいました、日本の三分の二は、人の住んでいない野生状態だと。驚異的な都市文明が、同時に領土の大きな部分を尊重しているという壮挙を実現しえた国は、あまり多くありません。

けれども西洋の幻想は、日本人が、自然の要素のみにもとづいた芸術を生むために、自然を素材として利用できることを西洋に示した事実に由来していると、私は思うのです。それこそあなたがたが、生け花でなさっていることであり、また日本庭園でもなさっていることです。こう言ってよければ、日本のあたり前の自然、人が目にする自然は、私たちの自然との関係で言えば、すでに一種の庭園であると思います。さらに言えば、あなたがたの庭園が表しているものは、第二次の力をもった庭園であると思うのです。この極めて深い印象を、私は九州で、知覧《ちらん》の例の村を訪ねて受けたのです……。

川田　知覧の〔武家屋敷群〕ですね……。

レヴィ＝ストロース　村はまだ、事実上もとのままです。そこには、この地方の大名に属していた、かつてのサムライたちの住居が見出されます。その各々に、たいそう美しい家と、小さな庭があります。それも贅を尽くし、洗練された小さな庭で、一軒の家から他の家に行くにつれて、著しい多様さが示されています。それはあたかも、各々の家主がそれぞれに固有の人柄に応じ、自然の要素を用いて、一人の大画家の作品が他の大画家の作品と区別されうるのと同じくらい、隣家のものとは可能な限り異なる、独創的な作品を創り出そうとしたかのようです。

これこそが、西洋で、自然への愛として捉えられたものです……。ですから、現実はもっと複雑です！

川田　先生は人類学の研究を通じて、「野生的なもの」を再評価なさいました。日本文化の現状のなかで、「野生的なもの」を保つことがなぜ重要であるかを、私たち日本人に、ごく手短に、おっしゃっていただけますか？

レヴィ＝ストロース　私は、「野生的なもの」をそれほど再評価したわけではありません。私は「野生的なもの」が、私たちすべてのなかに存在し続けているということを、示したいと思ったのです。そして、「野生的なもの」がつねに私たちのなかにある以上、それが私たちの外にあるからといって、それを蔑視すべきではないだろうと思うのです。

このことは、すべての文明について言えると思います。けれども、私が人類学者として賞賛してきたのは、日本がその最も近代的な表現においても、最も遠い過去との連帯を内に秘めていることです。それに引き替え私たちはと言えば、私たちに「根っこ」があることはよく知っていますが、それに立ち戻るのがひどく難しいのです。私たちがもはや越えることのできない、溝があるのです。私たちはその「根っこ」を、溝のこちら側から眺めています。日本には、こう言ってよければ、一種の連続性ないしは連帯感が、永久に、ではおそらくないかもしれませんが……今もまだ、存在しています。

川田　先生もお書きになっておられるように、日本は多くの領域で、フランスとは「逆さまの世界」を示しています。先生がとくに関心をおもちの工芸の仕事では、かなり典型的にそれが見られます。けれども、こうした用法の違いの原因を明らかにするためには、文化的要因と同時に、おそらく生態学的、物理的要因を考慮すべきではないかと思います。

レヴィ＝ストロース　少し含みをもたせる必要があると思います。なぜなら、この「逆さま」日本ということにまず気づいたのは、フランス人ではなく、十六世紀のポルトガルやイタリアの宣教師たちだからです。それより後になって、十九世紀末に、このことについて書いたバジル・チェンバレン(2)は、イギリス人でした。ですから、このことについて関わりがあるのは、フランスと日本ではなく、むしろ旧世界と日本だと思います。なぜなら中国でさえ、この点に関しては、これらの逆さまを示してはいないからです。

歴史的、生態学的要因を考慮すべきであるという点では、私はあなたとまったく同意見です……。けれども私は、それだけで十分かと自問するのです。なぜなら、規格品の鋸《のこ》が、押すようにではなく、引いて使うように作られているという事実に、技術上、経済上、ある説明が見出せたとしても、針の穴を糸の方に押すが、糸を針の穴にではないとか、布のなかに針を刺すのではなく、布を針の先に刺すとか、旧世界では轆轤《ろくろ》は片方の足で押すのに、日本では他の足を使って、一方では時計の針の方向に、他方では時計の針とは逆向きに回すとか、昔の日本では右側から馬に乗り、私たちは左から乗ったとか、馬を厩舎《きゅうしゃ》に入れるのに、頭を先に入れるのではなく、後ずさりして入れた、等々を理解するのには、また別の説明を求める必要があるでしょう(3)。

川田　こうした「すべてがあべこべ」の現象を、フランスと日本について研究するためには、文字資料あるいは図像資料によってたどりうる歴史上の変化も、考慮する必要があると、私は思うのです。十六世紀にルイス・フロイスが気づいたこと、日本では馬に右側から乗るというのは、当時の武士が、長い弓を左手、「ゆんで」つまり「弓の手」で持ち、手綱は右手、「めて」、「馬の手」でつかんだという仕来りによって説明できます。けれども、生活のいくつかの側面、ある種の身体技法のようなものは、生活の他の面で大きな変化が起こっても、驚くべき持続性を示します。例えば、先生はさっき、「旧世界では轆轤は片方の足で押すのに、日本では他の足を使って……時計の針の方向に」とおっしゃいましたが、事実は日本では、他の足を使って押すのではなく、同じ右足で引くのです。このことはまた、歴史上の変化を超えて認められる、日本文化の求心的性格についての先生の仮説を補強する、別の一例と言えるでしょう。この二つの領域——人類学的な領域と歴史学的な領域——の関係について、一般に、とくにフランスと日本の文化の場合について、先生はどのようにお考えになりますか？

レヴィ＝ストロース　あなたが挙げられた現象は、極めて興味深いものです、とくに民族学者にとっては。歴史というものに信頼を置き、歴史的生成を賞賛する社会においてさえも、それと気づくことさえなしに、多くの慣行が歴史的状況に脅かされることなく、極めて遠い過去の痕跡として存続し、そのままのやり方で在る、ということを私たちは確かめています。ですが、例えばヨーロッパでは、手を洗うときに流れる水で洗うか、溜めた水で洗うかによって、境界線を引く試みが可能です。ところで私は、日本人としてのあなたに質問しますが、洗面台で手を洗うとき、あなたは排水口を閉めますか、それとも開いたままにしておきますか?

川田　開けたままでおきます。

レヴィ＝ストロース　私も、そうです。私は排水口を開けたままにしますが、それはおそらく、私の先祖の出身地である、東ヨーロッパから受け継いだ習性です。

川田　ああ、そうですか!

レヴィ＝ストロース　そうです。けれどもラテン世界では、むしろ洗面台を閉める傾向がありますね。私はこの種の、たいそう鮮やかな例を、ちょうど何週間か後に出版する、芸術について述べた本に示しました。(4) そこでは、色彩に関心をもっていた十八世紀の哲学者、ジェズイットの神父ですが、カステル神父を私は取り上げています。彼はどこかで言っています、「フランス人は黄色を好まない。彼らはこの色を、味気ないものと見なしており、イギリス人たちにくれてしまった」。ところで去年、女王エリザベス二世がフランスを公式訪問したとき、フランスのモード新聞は、少し女王を揶揄しました。というのも女王はある日、黄色のスーツを着ていたからで、フランス人は、この黄色、奇妙だ、似合わない、と取り沙汰したものです。ですから、そこには歴史の変化を超えて、極めて長い間持続しうる不変のものがあるわけで、私はそれが、民族学者の研究素材だと思うのです。

川田　フランスと日本のあいだの、文化の指向性の対比を、先生はどうご覧になりますか、とりわけ、フランス人の普遍指向と、特殊を洗練しようとする日本人の指向の対比を？

ポール・ヴァレリーは、フランス人の特性は、自らを普遍の人と感じることで、普遍的なものを求めるのが、フランス人だと書いています。日本人は逆に、自分たちが普遍的な人間であると考えたことなどなく、自分たちは特殊で、他からは非常に異なっており、外国人には入り込めないと思う一方で、芸術や技術の面で、自分たちの特殊性を精錬してきました。日本人は、少なくとも現在までは、国際的文化交換において、発信者であるよりは受信者でした。

レヴィ＝ストロース　あなたはここで、少なくとも二つの問いかけをなさっています。

第一の問いかけに対しては、西洋の論理は部分的に、言語の構造の上に築かれていると言うことができるでしょう。この点で意味深いと思われるのは、日本語の構造は、一つの特殊な論理をではなく、一つの身振りの構造を——さっき私たちが話していたことです——規定してきたということです。すなわち、一方は抽象と理論に向かい、他方は——けれども同じ分析への配慮と、同じ細部の精密さへの配慮、現実をその本質的な部分に分解する配慮を伴って——実際的な行為に向かったのです。

あなたの第二の質問について言えば……あなたは、日本は創出者であるよりは受容者であったと言われます。

言うまでもなく、日本は多くの影響を受けてきました。とくに中国と朝鮮からの影響、ついでヨーロッパと北アメリカからの影響です。けれども、日本が私に驚異的に思われるのは、日本はそれらを極めてよく同化したために、そこから別のものを作り出したことです。さらに、私が何としても忘れたくないもう一つの面は、これらのどの影響も受ける前に、あなたがたは縄文文明(5)という一つの文明をもっていたことです。縄文文明は、人類における最古の土器を創り出しただけでなく、それが極めて独創的な感覚によるものなので、世界のどこでもこれに比肩しうる、いかなる種類の土器も見出すことができないのです。縄文文明と比較できるものは、皆無です。ですからそこに、根源での日本の特殊性の証《あかし》があると、私は言いたいのです。さらに、この日本の特殊性は、他所《よそ》から受け入れた要素を洗練し、それをつねに何かしら独自のものにしてゆく力を具えていたのです。

ご存じのように、私たちは長い間日本から、倣《なら》うべき手本と見なされてきました。日本の若者たちが、西洋を破滅させた悲劇的出来事と、西洋を現在引き裂いている危機を前にして、「最早、手本はない。我々は見習うべき手本を持たず、我々独自の手本を創り出してゆくのは、まさに我々なのだ」と言うのを、私はしばしば聞いています。私が日本に願いうること、そして期待しうることのすべては、この手本(それは事実、西洋以外の世界にこれほど受け容れられてきました)に対して、日本人が過去に示したのと同じ独創性を保ちうることです。この独創性によって、日本人は私たちを豊かにしてくれることができるのです。

川田 人類の歴史のなかで、人間が生きることにとって、最適の段階があったと先生はお考えでしょうか？　もしあったとすれば、先生はそれを過去に位置づけられますか、それとも未来に？

レヴィ＝ストロース　未来にないことは確かです。それは、私は除外します！　第一それは、人類学者の職務ではありません、私たちの職務、それは過去です。これは、答えることが極めて難しい質問です。なぜなら、私はかくかくの時代に生きたかったというだけでは、十分ではないでしょうから。その時代のどのような社会的地位を、私が占めているかを知らなければなりませんから！　なぜといって、当然、私は、可能だったかもしれない……そうした過去の時代を、最も恵まれた階級の状況で思い浮かべ、ほかの階級のことは決して考えないでしょうから！

とすれば、私はとくにどの時代と指定しません。そうですね、人間と自然のあいだ、人々とさまざまな自然の種のあいだに、ある種の均衡があり、人間が主人で創造主であると思い込むことがありえず、人間が尊重すべき他の生きものたちと同時に、この創造に参与したことを知っていたとき。これが最もよくあてはまり、最も真実だったのは、どの時代でしょうか？　これは、さまざまな形で、さまざまな時代に真実だったでしょう。唯一私が言えるのは、それが今ではないことです！

川田　そして未来に、でもありませんね？

レヴィ＝ストロース　そして未来に、それは、私にはますます信じられなくなっています。

原注

（1）本書巻末の写真参照。
（2）本書「異様を手なずける」（一〇三～一〇八頁）参照。
（3）本書一〇四～一〇五頁参照。
（4）Claude Lévi-Strauss, *Regarder écouter lire*, Paris, Plon, 1993, p. 127-136.〔竹内信夫訳『みる きく よむ』みすず書房、二〇〇五年、一四四～一五五頁〕
（5）本書二五頁参照。

訳注

〔1〕岩佐勝重を指すか。
〔2〕懐月堂を名乗った絵師は何人もいるが、おそらくその始祖懐月堂安度。
〔3〕ナマズ目ナマズ科に属する硬骨魚類の一種である鯰の異字、鯰《なまず》は、多くの種で胸鰭《むなびれ》・背鰭《せびれ》などに毒棘《どくきょく》をもつカサゴ目フカカサゴ科の魚のナマズも、皮膚の病も、同時に意味する。
〔4〕この対談後、二〇一三年の現在まで蓄積されてきた日本列島先住民起源論においても、遺伝子型など不安定な計量的方法によらない、より信頼性の高い、歯の考古学資料・現在資料の定性的研究に基づく金澤英作教授らの研究成果では、日本列島の先住民は、琉球人とも共通する南方島嶼部起源であると思われる。
〔5〕本書では割愛。市販のビデオカセット『インタビュー「クロード・レヴィ＝ストロース」1自然・人間・構造、2日本への眼差し』（編集・NHK、発行・NHKソフトウェア、発売・白水社、一九九四年）には、本書で割愛された第一部の映像とフランス語・日本語の二ヵ国語音声、および文字化されたフランス語の全対話、聞き手川田による解説が収められている。なお本書所収の「知られざる東京」にも、二〇〇一年の時点でのレヴィ＝ストロースの日本についての印象が述べられている。
〔6〕レヴィ＝ストロースは、日本人蔑視の『お菊さん』の著者ピエール・ロティを心から嫌っていた。

〔7〕フランス語の「ウィ」は、肯定の意味内容をもった副詞だが、日本語の「はい」は、それ自体としては意味をもたない間投詞という根本的な違いがまずある。

〔8〕東京深川にあった、訳者も幼い頃から馴染みの川魚料理の老舗「伊せ喜」で、先生ご夫妻や他の同行者と一緒に、鯰鍋、丸の泥鰌鍋、鯉の洗いなどを注文し、先生ご夫妻はどれも、何のためらいもなく、おいしそうに召し上がった。ただし「洗い」は調理の過程で湯に通すので、「生」の刺身とはいくぶん異なりはするが。

〔9〕やはり日本好きの次男マティユーが、この対談の三年後になるが、父親の米寿の誕生祝いに日本製の電気炊飯器を贈った。本書「月の隠れた面」の訳注〔5〕（五九頁）参照。

PHOTOGRAPHIES

上：コレージュ・ド・フランスの社会人類学研究室にて。下：同上。左手の書棚に、モーリス・メルロー＝ポンティの肖像がある。1977年３月（撮影・川田順造）

東京佃島の住吉神社で、モニーク夫人と共に。1986年4月（撮影・川田順造）

上：東京隅田川上で。前列クロード・レヴィ＝ストロースとモニーク夫人、後列右から訳者、小川待子、芳賀徹。1986年4月13日朝（撮影・陣内秀信）下：隅田川上で。前列クロードとモニーク、後列右から小川待子、陣内秀信、訳者。1986年4月13日夕（撮影・芳賀徹）

上：リニュロール（オーヴェル地方）にて。1986年７月（撮影・川田順造）。
左上：リニュロールにて、モニーク夫人、訳者と共に。1986年７月（撮影・小川待子）。左下：リニュロールにて、愛犬ファニーと。1986年７月（撮影・川田順造）

上：パリのレヴィ＝ストロース邸で、訳者と共に。1995年10月（撮影・川田順造、三脚使用）。下：パリのレヴィ＝ストロース邸で、モニーク夫人、訳者と共に。1997年12月（撮影・ローラン・レヴィ＝ストロース）

出典

世界における日本文化の位置（*Place de la culture japonaise dans le monde*）
このテクストは一九八八年三月九日、京都において国際日本文化研究センター（日文研）の最初の公開講演会で発表され、同年、雑誌『中央公論』五月号に日本語訳が掲載された。その後 *Revue d'esthétique*, nº 18, 1990, p. 9-21 に掲載された。

月の隠れた面（*La face cachée de la lune*）
一九七九年十月八日〜十三日にパリで開催されたシンポジウム「フランスにおける日本研究」（Les études japonaises en France）の最終講演（十月十三日土曜日）。シンポジウムと同名の書籍が刊行されており、その二五五〜二六三頁に掲載されている。

因幡の白兎（*Le lièvre blanc d'Inaba*）
アメリカ大陸に存在する因幡の白兎の物語の異本に関する覚書。篠田知和基編『神話・象徴・文学』2、名古屋・楽浪書院、二〇〇二年、一〜六頁。

シナ海のヘロドトス（*Hérodote en mer de Chine*）
Poikilia. Études offertes à Jean-Pierre Vernant, Paris, Éditions de l'EHESS, 1987, p. 25-32.

仙厓　世界を甘受する芸術（*Sengai. L'art de s'accommoder du monde*）

Sengaï moine zen 1750–1837. Traces d'encre, Paris Musées, 1994 の序論（一九〜三〇頁）。

異様を手なずける（*Apprivoiser l'étrangeté*）

ルイス・フロイスが一五八五年に日本で執筆した *Européens & Japonais. Traité sur les contradictions & différences de mœurs*, Paris, Chandeigne, 2009 (1998) の序文（七〜一一頁）。

アメノウズメの淫らな踊り（*La danse impudique de Ame no Uzume*）

「サルタヒコ神についての若干の考察」（« Quelques réflexions autour du dieu Saruta-Hito »）『猿田彦大神フォーラム年報』四号、二〇〇一年、一〇〜一六頁。

知られざる東京（*Un Tôkyô inconnu*）

『悲しき熱帯』最新の日本語版のための序文。中公クラシックス『悲しき熱帯』I、二〇〇一年、三〜九頁。

川田順造との対話（*Entretien avec Junzo Kawada*）

ＮＨＫの番組のためにパリで収録された対談。一九九三年。

著者紹介

クロード・レヴィ＝ストロース（Claude Lévi-Strauss）

一九〇八年十一月二十八日、ブリュッセル生まれ。一九五九年から八二年までコレージュ・ド・フランスで社会人類学の教授を務める。七三年、アカデミー・フランセーズ会員に選出される。二〇〇九年十月三十日、パリにて逝去。

主な著書

La Vie familiale et sociale des indiens Nambikwara, Paris, Société des Américanistes, 1948.

Les Structures élémentaires de la parenté, Paris, PUF, 1949; La Haye-Paris, Mouton & Cie, 1967.〔馬淵東一・田島節夫監訳、花崎皋平ほか訳『親族の基本構造』上下、番町書房、一九七七、七八年。福井和美訳、青弓社、二〇〇〇年〕

Race et Histoire, Paris, UNESCO, 1952; Paris, Denoël, 1967; Paris, Gallimard, « Folio Essais », n° 58, et « Folioplus », n° 104.〔荒川幾男訳『人種と歴史』みすず書房、二〇〇八年〕

Tristes Tropiques, Paris, Plon, 1955; Pocket, « Terre humaine », n° 3009.〔川田順造訳『悲しき熱帯』中央公論社、一九七七年。のち中公クラシックス、全二巻、二〇〇一年〕

Anthropologie structurale, 2 vol., Paris, Plon, 1958; Pocket, « Agora », n° 7 et n° 189.〔荒川幾男ほか訳『構造人類学』みすず書房、一九七二年〕

Le Totémisme aujourd'hui, Paris, PUF, 1962.〔仲澤紀雄訳『今日のトーテミスム』みすず書房、一九七〇年。のち、みすずライブラリー、二〇〇〇年〕

La Pensée sauvage, Paris, Plon, 1962; Pocket, « Agora », n° 2.〔大橋保夫訳『野生の思考』みすず書房、一九七六年〕

Mythologiques, Paris, Plon. 1. *Le Cru et le Cuit*, 1964; 2. *Du miel aux cendres*, 1967; 3. *L'Origine des manières de table*, 1968; 4. *L'Homme nu*, 1971, Paris, Plon.〔早水洋太郎訳『生のものと火を通したもの』〈神話論理1〉みすず書房、二〇〇六年。早水洋太郎訳『蜜から灰へ』〈神話論理2〉みすず書房、二〇〇七年。渡辺公三ほか訳『食卓作法の起源』〈神話論理3〉みすず書房、二〇〇七年。吉田禎吾ほか訳『裸の人1』〈神話論理4-1〉みすず書房、二〇〇八年。吉田禎吾ほか訳『裸の人2』〈神話論理4-2〉みすず書房、二〇一〇年〕

Anthropologie structurale II, Paris, Plon, 1973.

La Voie des masques, 2 vol., Genève, Éditions Albert Skira, 1975; éd. revue, augmentée et suivie de *Trois Excursions*, Paris, Plon, 1979; Pocket, « Agora », n° 25.〔山口昌男・渡辺守章訳『仮面の道』新潮社、一九七七年〕

Le Regard éloigné, Paris, Plon, 1983.〔三保元訳『はるかなる視線』全二巻、みすず書房、一九八六、八八年〕

Paroles données, Paris, Plon, 1984.〔中沢新一訳『パロール・ドネ』講談社選書メチエ、二〇〇九年〕

La Potière jalouse, Paris, Plon, 1985; Pocket, « Agora », n° 28.〔渡辺公三訳『やきもち焼きの土器つくり』みすず書房、一九九〇年〕

Histoire de lynx, Paris, Plon, 1991; Pocket, « Agora », nº 156.

Regarder écouter lire, Paris, Plon, 1993.〔竹内信夫訳『みるきくよむ』みすず書房、二〇〇五年〕

Œuvres, Paris, Gallimard, « La Bibliothèque de la Pléiade », 2008.

装幀　中央公論新社デザイン室

訳者紹介

川田順造（かわだ・じゅんぞう）

1934年（昭和９年）、東京に生まれる。東京大学教養学部教養学科（文化人類学分科）卒、同大学大学院社会学研究科博士課程修了。パリ第５大学民族学博士。東京外国語大学アジア・アフリカ言語文化研究所教授、広島市立大学国際学部教授、神奈川大学大学院歴史民俗資料学研究科教授などを歴任。2021年（令和３年）、文化勲章受章。24年、死去。著書に『無文字社会の歴史』『口頭伝承論』『聲』『人類学的認識論のために』『江戸＝東京の下町から』『富士山と三味線』『〈運ぶヒト〉の人類学』『レヴィ＝ストロース論集成』『人類学者の落語論』など。

月《つき》の裏側《うらがわ》
——日本文化《にほんぶんか》への視角《しかく》

2014年7月10日　初版発行
2025年4月30日　8版発行

著　者　クロード・レヴィ＝ストロース
訳　者　川田順造《かわだじゅんぞう》
発行者　安部順一
発行所　中央公論新社
〒100-8152　東京都千代田区大手町1-7-1
電話　販売 03-5299-1730　編集 03-5299-1740
URL https://www.chuko.co.jp/

DTP　市川真樹子
印　刷　三晃印刷
製　本　大口製本印刷

Published by CHUOKORON-SHINSHA, INC.
Printed in Japan　ISBN978-4-12-004424-3 C0020

レヴィ＝ストロース 著
川田順造 訳

悲しき熱帯I・II

ブラジルでの調査旅行から十五年の歳月ののち、時間と空間の秩序を高度に再構成して叙述された構造主義の原点にして二十世紀記録文学の名著。現地調査で得た民族誌的知見が余すところなく盛り込まれ、普遍的な価値に達した一個の作品としての通用力をもつ。

中公クラシックス

中央公論新社

レヴィ＝ストロース 著
佐久間寛 監訳／小川了・柳沢史明 訳

構造人類学ゼロ

構造人類学誕生以前の関心や思考を伝える論文集。ニューヨークに滞在し、主に英語で発表された十七の論考を、「歴史と方法」「個人と社会」「芸術」など五つのテーマに分けて収録する。あふれ出す新鮮な知の光景、「人間」という概念を揺さぶった思考の原点へ。

単行本

中央公論新社